子どもの
ネット依存
小学生からの予防と対策

遠藤美季
ネット依存アドバイザー

かもがわ出版

まえがき

　インターネット社会の広がりは、さながらビッグバンをイメージさせます。生活に密着したネット利用は、提供するほうも利用するほうも競うように変化し、それは私たちの考え方やライフスタイル、文化の変化を加速させています。

　そして、インターネットの利用・活用に当たっては大人の間に様々な意見があり、それが子どもにとって善か悪かについての議論がさかんで、利用の方向性すらいまだに合意に至っていません。

　しかし、大人たちがネット社会への方向を定めかねている間にも、子どものインターネットを通じた事件・トラブルは頻発し、ネット依存に巻き込まれていく子どもは増え続けています。

　私たちは、ネット社会の大きな流れを模索しつつも、子どものネット依存を防止するために、大人ができることを学校、家庭、学童保育、地域、行政それぞれの立場で今すぐに取り組まなければなりません。

　本書は、こうした立場から、子どもたちをめぐるネット風景と、その中でのネット依存の特徴とリスクを明らかにし（序章、第1章）、家庭と地域でできる予防と対策（第2章）、学校でできるをネットトラブル・ネット依存を予防する教育を模索しています（第3章）。

　とりわけ、小学校、中学校におけるネット依存予防の先進的取り組みをリアルに紹介し、それに学びつつどこの学校や学童保育、家庭でもできる予防と対策を具体的に示すことに努めました。

　この本が、学校教師や父母が子どものネットトラブルとネット依存を防止し、インターネットのかしこい使い方を身につける一助になれば、これにすぐる喜びはありません。

あなたもチェックしてみませんか？

ネット依存度チェック！

♡ 家族や友だちといるよりネットをしているほうが楽しい

♡ 気がつくといつもネットをしている

♡ ネットをしないように心がけても、ついつなげてしまう

♡ 家族や友だちに隠れてネットをする

♡ ネットに費やす時間を他のことで埋められない

♡ ネットをやめるように言われると腹が立つ

♡ ネットをしていない時でもネットのことが頭から離れない

♡ することがあってもまずネットにつないでしまう

♡ ネットをしてから自分が変わったと思う

♡ 最近性格が変わったね、と人から言われた

♡ ネットで知り合った人のほうが現実の友だちより大事

♡ ネット以外のことに興味がない

♡ ネットで使うアバター人格の自分が好き

♡ ネットの相手を挑発したくなる

♡ 幻覚が見えたり、幻聴が聞こえる

♡ うつ状態になることがある

♡ ネットがないと生きていけない

ひとつでも当てはまったら、ネットの使い方を見直そう！

子どものネット依存──小学生からの予防と対策

も◆く◆じ

まえがき　3

序　章　放置できない子どものネット依存 7

1、あるお母さんからの電話　8
2、急増する子どものネットトラブル・ネット依存　9
3、ネット社会のあり方を皆で考えることが必要　11
4、ネット依存予備軍を作らないためにまず子どもから　13

第1章　子どものネットトラブル・ネット依存の実態 17

1、子どもたちをめぐるネットの風景　18
2、子どものSNS利用の問題点　23
3、ネット依存とは何か　34
4、なぜネットにはまるのか　47
5、ネット依存のリスクを考える　62

第2章　家庭と地域でできる予防と対策 67

1、依存予防でできること　68
2、親に持ってほしい意識　71
3、家庭でできる予防と対策　75

4、学童・児童館でできる取り組み　84
5、ワークシートを活用してみよう　90

第3章　学校でできるネットトラブル・ネット依存予防教育 99

1、なぜ学校での取り組みが必要か　100
2、小学校での取り組みから　108
3、中学校での取り組みから　124
4、高校での取り組み、養護教諭の役割　137

終　章　子どもに関わる全ての人の知恵と努力で 141

1、子ども、教師、保護者からの聞き取りから　142
2、ネット依存から回復した事例　145
3、学校、家庭、地域、行政が連絡を取り合って　147

装　幀　　上野かおる
装　画　　石田　尊司
イラスト　遠藤　美季

序章

放置できない子どものネット依存

1、あるお母さんからの電話

先日、あるお母さんから連絡がありました。ネット依存の息子さんに悩むお母さんからの電話でした。

初めてそのお母さんとお会いしたのは2年前でした（2012年）。当時中学3年生の息子さんがネット依存状態になり、心底疲れ切っておられる様子でした。息子さんが依存していたのは、小学校のとき学習に必要だと言われて購入したパソコンを使ってのオンラインゲームでした。初めは、息子さんがパソコンに向かう姿はよく見かけていたけれど、勉強をしていると信じて疑うことはなかったそうです。

ところが、中学3年になって受験について考えるようになり、思わしくない成績に疑問を抱いて息子さんに理由を聞いて初めて、オンラインゲームにはまって勉強をしていなかったことに気付いたそうです。それをやめるように言うと、息子さんが暴力を振るったため、警察に連絡して警察官の1時間にわたる説得でようやく収まるという状態でした。

その後2度ほどお会いしましたが、状況はあまり変わりませんでした。お母さん一人で、仕事をしながら家庭のこと、息子さんのこと、自分の母親の世話に追われる毎日。そんなお母さんの心労と鬱のような精神状態が気がかりでした。

その後しばらく連絡が途絶えていたのですが、最近になって、息子さんが高校に編入できたと、弾む声でお電話をいただきました。本人の努力もさることながら、根気強く見守り続けたお母さんと、息子さんの話に耳を傾けた学校の先生、そして別居している父親が本人と話をするようになり、それらの存在が回復の大きな鍵になったようでした。こうして、息子さんは再び高校に通うことができるようになりました。ネットを完全に断ったわけではありませんが、アルバイトをしながら学校に通い、ゲームの時間を決める

など、ネットに入りびたりの生活から抜け出すことができたのです。

　まだまだ安心するというわけにはいかないかもしれません。でも、同じ涙声でも2年前にお会いしたときとは違うお母さんの弾んだ声に、思わずホッと胸をなでおろしました。

2、急増する子どものネットトラブル・ネット依存

　今日、ネット依存は深刻な社会問題となっています。15年も前に発行された成城墨岡クリニックの墨岡孝院長の著書『テクノストレスからくる疲れをとる本』(2001年)の中には、既にネット依存やネットトラブルが深刻になっている様子が様々な事例を引いて述べられています。

　しかし、「ネット依存」という言葉が一般に関心を持たれるようになったのはここ数年のことです。大人の依存は2008年に270万人という報道があり、ちょっと話題になりましたが、2013年の調査ではそれが推計421万人(1.5倍)と増加の一途をたどっています。

　子どものネット依存についても2005年に日本PTA全国協議会が小学生と中学生にメディアの利用を調査し、その影響を問題視しています(読売新聞5月24日「TV・ネット依存　子どもの学力低下助長」)。

　そのころから比べてもネットの利用環境は飛躍的に変化し、一般家庭にも浸透して誰でもインターネットを利用できるようになりました。さらに、小学生のような子どもでも一人で1台のスマートフォンやゲーム機や音楽プレイヤーを持ち、インターネットをする時代となりました。放っておけば、たとえ0歳児であろうと誰でもネットに依存しかねない状況です。

　学習のためだけでなく遊びやコミュニケーション連絡ツールにと日常的に利用するのが当たり前の光景となった社会で、衝撃的なニュースとして流れたのが、2013年に厚生労働省から研究委託費を受けて行われた日本大学の大井田研究室の調査結果でした。深刻なネット依存が疑われる中高生

は推計約 52 万人にのぼるという報告に、社会の関心が高まりました。さらに、ネットの利用と学力の関係にも関心が向けられ、調査ではネットの利用時間が長いほど成績が低下することも分かり、子どものネット利用は家庭だけの問題だと放ってはおけなくなったのです。

【参考】
エンジェルズアイズのまとめ
　　http://www.nier.go.jp/13chousakekkahoukoku/
文部科学省　全国的な学力調査（全国学力・学習状況調査等）
　　http://www.mext.go.jp/a_menu/shotou/gakuryoku-chousa/
国立教育政策研究所（平成 25 年度 報告書・調査結果資料）
　　http://www.nier.go.jp/13chousakekkahoukoku/

コラム

ヤドカリ族

　車内でスマホの画面を凝視している人を見ているとあることに気が付きます。周囲が見えていないことが多いのです。よくあるのがスマホに夢中で駅を乗り過ごしたり、ドアが閉まる瞬間に気付き乗り込む人がいてもガンガンぶつかりながら降りていく人。またスマホを凝視しているのに、なぜか少し離れた席が空くとまっしぐらに向かっていくタイプの人もいます。そばにお年寄りがいても、妊婦さんがいても座ってすぐスマホに向かうその姿は、まるで自分の世界に入り浸っているようです。以前電車内で化粧をしたり、パンを食べることに対して「公共の場でマナーが悪い……」と言われましたが、電車内に限らず歩きながらスマホを手にして周囲お構いなしのふるまいは、公共の場というよりプライベートな自宅にいるかのようです。スマホの中に人間関係や趣味などの生活を入れ込み、いつも持ち運ぶ姿は、さながらヤドカリ族のようです。

3、ネット社会のあり方を皆で考えることが必要

　たしかに、ネット社会となった今日、その利用に関してまだ衆目の意見が統一されていないことは事実です。
　ある高校でネット依存についての授業をした際、一人の男子生徒が「そもそもネットの情報は人間が処理できるレベルのものではない。人間がコントロールできないものだ」と言っていました。果たして私たちがコントロールすることが可能なのか？　人間が人間らしくインターネットを使うためにどのようなことを心がけていく必要があるのか？　インターネットや端末、アプリに振り回されずにインターネットを利用・活用するというのはどういうことなのか？　今私たちはいろいろなことを予測し、たくさんのことを考える必要があります。
　私が講座などでネット依存について話をしても、依存が深刻な問題であることについて肯定する人と、それはニューウェイブであって世の中の変化にすぎないという人とが対立してしまうことがままあります。また、インターネット、スマートフォンの利用について、子どもに使わせたほうがよいのか使わせてはいけないのか、子どもにとって善か悪かという論議になることもあります。どちらも子どものネット利用を真剣に考える立場の人ですが、こうした人たちの間で意見が異なっているのです。
　こうして、大人が子どものネット利用に関して是か非か対立することもありますし、インターネットやスマホが好き、嫌いで対立することもあるのが現状です。しかし、大人がこのような状況では、子どもたちは混乱するばかりです。もしその意見の対立が、お父さんとお母さんの間で起こったら……、先生と保護者の間だったら……。子どもたちはどちらの言うことを聞けばいいのでしょうか、辛い選択を迫られることになります。インターネットの問題は、日本がどのようなネット社会を目指していくのか、その方向を大

人が考え一緒に取り組まなければならない問題なのです。

　ある中学校の１年生のクラスで、スマホの所持についてディベートをしたことがあります。まとめてくださったのは、ご自身は携帯を持たないという生活指導の先生でした。所持賛成派からは「高い辞書を何冊も買わずに勉強できる」などメリットがあげられ、所持反対派からは「子どもが事件に巻き込まれるというリスクがある」といった意見が出され、かなりヒートアップした論議になりました。担当した先生は、それを受けて客観的に意見をまとめながら善悪、モラルについて触れながら話をしていました。それはとても活気ある授業でした。子どもはみな真剣で、スマホに関心が高いことが分かります。お互い違った視点や考えを持っていることに気付き、ただ欲しいからということだけでなく、自分がなぜスマホを持つ必要があるのかを考えるきっかけになったと思います。インターネット社会という新しい社会を築き上げるためには、大人も子どももこのような話し合いや考える機会がたくさん必要です。

　もう一つ考えることがあります。誰でも彼でも好き勝手にネットを利用してもいいのかという問題です。インターネット社会には責任ある利用が求められます。匿名でなんでも発信できる社会では事故が起こっても当たり前です。車の免許と同様、インターネットについてもしっかり学習し、資格を取得し、個人が責任ある利用をすることによってはじめて、みんなが安心して利用することができるのではないでしょうか。

　また、インターネットを使わない人も不便を感じずに生活できる社会である必要があります。車社会に置き換えて考えれば、免許を持たない人でもタクシー、バス、救急車など必要に応じて利用することができます。インターネットに関しても、ネットを使わない人が不便を感じたり、損をするのではなく、社会全体がうまく運用することを考えられればいいと思うのです。

　インターネットはただのツールです。その利用がコミュニケーション、哲学や倫理の世界まで広がっていますが、善悪やマナー、人としての思いや

り、親子関係、文化や自然を守るなど、経験や知識の豊富な大人が人間としての根本的な立場を揺るぎなく守り、子どもに伝えていく必要があります。

4、ネット依存予備軍を作らないためにまず子どもから

それにしても、まず急がれるのは子どもたちの問題です。大人の依存の問題も深刻でありすぐに取り組むべき課題ではありますが、大人は自分の責任でネットを利用しているため、本人に依存を自覚させることは難しく、また依存を自覚していてもちゃんと社会生活を送っていれば誰に迷惑をかけているわけでもないと思っている人も少なくないように感じます。それだけに、社会全体の大がかりな取り組みが必要でしょう。

これに対し、とにかく早急に取り組まなければならないのは、今インターネットを使っている子どもたちをネット依存予備群にしないこと、さらにこれからネットを使う子どもたちにはしっかりとネット依存予防教育をしていくことです。

アルコールやたばこ、パチンコのように利用に年齢制限のある依存症なら、20歳になるまでに依存の知識を付けていけばよいのですが、年齢制限のないインターネットの依存については、いつ、誰が指導していけばよいのかを考えなければなりません。インターネットが学習にも連絡にもコミュニケーションツールとしても必要とされる環境の中で、子どもの依存予備群を作らないというのは難しいことにも思えますが、ネット依存についての知識と関心を持てば誰でも今から子どもたちの予防に関わっていけるのです。

身近にいる子どもが明らかにネットの使い過ぎだと感じたら、気にして声をかけてあげる。使い過ぎを指摘したときにいきなりキレたり態度が変わるような子どもがいたら、ネット依存を疑い、周囲の人が注意深く見守り、状態によってはカウンセリングや医療機関に相談する……そのようにみ

んなで関心を持つことが必要です。意識して周囲を見ていると、案外ネットにはまっている子は分かりやすく、子どものサインを見つけやすいとも言えるのです。

　子どものネット依存に気付くことができる大人は子どもの周りにはたくさんいます。親だけではなく、学校の先生、学童・児童館の指導員、そして地域、社会の大人たち。深刻なネット依存の状態だと思われる子どもたちをどのように救っていけばいいのか、これ以上ネット依存に苦しむ子どもやその家族を作らないためには気付いたときに誰がどのように取り組んでいけばいいのか、模索が続きます。

　「インターネットは誰が教えるのか」「家庭なのか学校なのか」、インターネットの指導に関しても意見が大きく分かれるところのようです。ですが、問題は切迫しており、今はお互いに協力し合うことが必要です。子育てに積極的な家庭の場合、ネット依存予防にも関心が高く問題はあまりないかもしれません。でも、親が子どものネット利用に関心を持っている家庭ばかりではありません。子どものネット利用に関心がない家庭の場合、誰が子どもにネットの知識、危険、リスク、活用を指導していくのか明確にする必要があります。そのような子どもは依存だけでなく事件に巻き込まれやすく、トラブルも起こしがちです。誰か大人が手を差し伸べていれば回避できるケースもあります。

　またインターネットに接続できる道具については、何が子どもに適しているのかを考えることも必要です。パソコン、スマートフォンや、タブレット、ゲーム機、音楽プレイヤーなど様々ある中で、年齢に応じて何が必要なのか、それを購入する親は責任を持って考える必要があります。

　持ち運びができる道具になると一気に子どもの利用が見えなくなります。どんなに普段からコミュニケーションがとれている家庭でも、子どもは成長するにつれ、親に知られたくないことも出てくるでしょう。いわば子どもの自立と同時に、子どもの「ネットの自立」も考えなければなりません。

親が様々なことを想定し、一人で持たせるタイミングを考えてそれらを購入することは、余計な事件に巻き込まれない秘訣の一つです。もし少しでも持たせるのが不安だという気持ちがあるなら、安心して持たせられるまで買い与える必要はありません。パソコンでネットはできますし、防犯のために必要であれば防犯ブザーや安心マップなどを利用することもできます。

最近は子どもが欲しくないというのに、子どもにスマホを購入して与える親もいます。友達が持っているのに持っていないと困るのではないか、という老婆心もあるのでしょう。確かに、LINE*外しやネットいじめという言葉を耳にしている親としては不安なことの一つでもあります。でも不安なまま無理に持たせるのはよくありません。必要と感じたときに、子どもと一緒に本当に必要なのかよく考えて購入し、初めは一緒に使いましょう。

ネットやスマートフォンを使わない人、ネットを仕事や趣味に使う人、大人は様々な立場にいますが、子どもを指導する立場としては、変わらない自

*LINE：韓国最大のIT企業「NHN」の日本法人「LINE株式会社」が提供している無料コミュニケーションツール。スマートフォン、ガラケー、パソコンに対応しており、特にスマホでのアプリは大人気である。

分の立場を守り続けることと、子どもたちのように柔軟に考えること、のいずれも必要だと思うのです。

　私たちエンジェルアイズへのメール相談からは、ネット依存が、他のギャンブル、薬物、アルコール、買い物などの依存と似ていることが分かります。ですが、ネット依存を深刻に考えることができない大人もいます。そうした人は当然、子どもにネットを使わせるときに警戒心はなく、スマートフォンやゲーム機が依存への入り口だという意識もありません。相談に来られた親からは、「ネットが依存するものと知っていたら買い与えなかったのに」「なぜ学校で教えてくれなかったのか？」という声を聞きます。また「子どもが不登校になってまでオンラインゲームをすることについて、ゲーム会社はどう思っているのか？」という怒りの声も耳にします。

　ネット依存がどれくらい深刻な問題なのか、またそれが今後の日本社会に与える影響はいかばかりか、少しでも関心を持ち予測をして対策をとらなければ、自分のごく身近なところで依存に苦しむ子どもたちがいつ現れてもおかしくないのです。

　あるお母さんは学校のママ友に、「うちの子は深夜までオンラインゲームやチャットをやっていて心配だわ」と相談したところ、「うちの子だってそうよ〜、みんなそうなんだから心配しなくて大丈夫よ」と言われ、取り合ってくれなかったと嘆いていました。そのような大人の意識をまず変えなければならないことも事実です。

　ただ漫然と様々な調査結果を眺めていたり、政府の対策を待っている余裕はないのです。毎年スマートフォンやSNS*を利用する人口は増え、さらに低年齢化しているのですから。

＊SNS：ソーシャル・ネットワーキング・サービス。インターネット上の交流を通して社
　会的ネットワーク（ソーシャル・ネットワーク）を構築するサービスのこと。

第1章

子どものネットトラブル・ネット依存の実態

子どもたちをめぐるネットの風景

1、子どもたちのネット利用

　『平成26年度青少年のインターネット利用環境実態調査』（内閣府）によると青少年（満10歳〜17歳）の76%がインターネットを利用しています。接続する機器は、上位からスマートフォン（42%）、ノートパソコン（23%）、携帯ゲーム機（18.5%）、タブレット（12.6%）、デスクトップパソコン（11.0%）、携帯音楽プレイヤー（9.5%）、その他となっています。

　2015年1月に行われた別の調査では、小学生のスマートフォン所有は39.3%、男子中学生が67%、女子中学生が52.4%というデータもあります（デジタルアーツ「未成年者と保護者のスマートフォンやネットの利活用における意識調査」）。調査によって結果は異なることががあるので、学校や地域ごとに調査するのもいいでしょう。いずれにしても、小学生のスマートフォンの所持率は30%を超えています。

　専用のインターネッ

ト端末（PC、タブレット、携帯やスマホ、ゲーム機など）を所持している子と所持していない子では利用内容も多少異なりますが、特にインターネットのヘビーユーザーの子と、自分の必要に応じて使っている子では利用時間や目的も違います。また携帯電話でもスマートフォンの子とフィーチャーフォン＊（ガラケー）使用の子では少しその利用も異なります。子どもたちに話を聞くと、それぞれが自分のスタイルでインターネットを利用している様子もうかがえます。デジタルアーツの調査では、スマートフォンのアプリではLINE、ゲーム、動画、音楽、ツイッターの利用が上位に入っています。

　どのようなことに使っているか個人的に話を聞いてみると、こんな答えが返ってきました。

- ソーシャルメディア＊などを利用して自分の情報をアップ（ブログなどを含む）する
- 友達や気になる情報や話題の情報を見る
- 友達や同じ趣味、考え方の人と情報を共有する
- 友達とのイベントやサプライズなどに活用する
- 身近な友達やネットで知り合った人とのコミュニケーションに利用する
- 家族や学校の連絡に使う
- オンラインゲーム、ソーシャルゲーム＊をする
- アプリで遊んだり、生活に合わせて天気予報など実用的に活用する
- 噂のアプリを使ってみる

＊フィーチャーフォン：携帯電話の端末のうち、一定の機能を有する端末に対する通称。スマートフォンでないものを指すことが多い。

＊ソーシャルメディア：情報のやりとりができるインターネットサービス。ツイッター、フェイスブックなどのSNSの他、ユーチューブなどの動画投稿サイトなどがある。

＊ソーシャルゲーム：スマートフォンなどで手軽に遊べるゲーム。インターネットからダウンロードでき、インターネットを介して色々な人とつながり、楽しむことができる。

- 日常の記録や、気持ちをアップする
- 動画を見る、作る、アップする（実況動画を見る）
- 音楽を聴く、作る（作詞・作曲）
- 日常生活の検索（電車の乗り換え、地図、天気など）をする
- 自分にとって必要な情報を見る（学校のHP）など
- 分からないことを検索する
- オンラインショッピングを利用する
- クーポンなどお得な情報を利用する
- 学習に利用する（分からないことを調べたり、SNSで勉強を教えあったりする）

コラム

0歳〜9歳の専用端末

　デジタルアーツの調査によると、0〜9歳の子どもを持つ保護者は、未就学児には専用端末を持たせていないと回答した人が半数以上いる一方、0歳〜3歳では約21％が契約の切れた中古のスマートフォンを持たせており、25％の子どもが専用の携帯ゲーム機を持っていると回答しています。ゲーム機でも、契約が切れたスマートフォンでもインターネット接続が可能な場合があることを親が把握しているならいいのですが、そうでない場合は子どもたちが動画を見たり、サイトを開く可能性もあります。専用の端末は必要ない年齢です。もしネットが必要な場合は、親が側にいて一緒に使用しないと、有害サイトやアダルト、残虐な画像を目にしてしまうなど、予期せぬ事態に巻き込まれることもあります。また使いすぎて弱視や依存など心身の健康を損なってしまうなど、後々後悔しても取り返しのつかないことになってしまう可能性があります。

2、スマートフォン（携帯電話）平均使用時間7時間

　女子高生のスマートフォン利用については特に活発なイメージがあります。デジタルアーツの調査によると1日の平均利用時間が7時間と長時間化しています。さらに驚くべきことは一日15時間以上使用している女子高生は9.7%と、約1割の子が1日15時間以上使用しています。これは前年に比べると2倍となっており、ヘビーユーザーの増加を示しています。1日3時間以上使っている子は約73%という結果から、その使用が一般的になっていることが分かります。私が2年前の取材で会った女子高生に聞いたところ、スマートフォンの使用時間が8時間という子に驚き、講座でフィーチャーフォンの子の利用時間と比較しましたが、受講された大人はみなその

コラム

スマホは臓器？

　最近のアーティストの歌詞の中には「携帯、スマホ」という言葉が出てきます。今人気のアーティストの歌詞に「スマホはもはや俺の臓器」というフレーズがあります。中高年が見ると、ギョッとするインパクトのあるフレーズですが、歌詞を読むとスマートフォンが自分の一部として必要な物になっている、けれどそれでいいのだろうか？　と自問自答する姿が書かれています。他のアーティストの歌詞でも「僕はいつもポケットの中に友達を持ち歩いている」と、携帯がないと彼女や友達を失いそうで寂しいという揺れる気持ちが歌われています。スマホや携帯は道具としての機能だけではなく、人々の心身の一部になって存在しているのです。「スマホは道具、人が使うことはあっても、スマホに支配されるな」と言っても、体や心の一部になっている人にとっては振り回されてしまうのは当たり前とも言えるのです。

数字に驚いていました。もはや平均利用時間がこの驚きの時間に迫る勢いです。

3、グローバルというより身近な利用

　子どもたちはインターネットをなんでも検索できるツール、身近な人とのコミュニケーションに必要なツール、自己表現のツール、趣味や遊びのツールに利用しているようです。とくに身近な友達とのコミュニケーションには積極的に使っている様子がうかがえます。誕生日や記念日にはメッセージやオリジナルの写真、動画を作成して送りあったり、日常の一コマをwebにアップしたりしています。自分がどこかに出かけたり日常と違うシーンに出合うことがあれば、SNSにアップします。またSNSに自分が満足する画像をアップすることもあります。自分と「気持ち」や「趣味」を共有できる人とつながったり、自分を表現するために利用しています。

　最近では友達とSNSやLINEでつながることが必要なために、スマートフォンが欲しいと強く願う子どもも少なくありません。インターネットが身近になるにつれ、SNSだけでなく動画や音楽、ゲームなどほとんどの機能を使うことができ、子どもたちはコミュニケーションに盛んに利用しています。そしてコミュニケーションのツールや方法が多様化していくと、身近な友達だけでなく、ネットを介して年齢に関係なく人とのつながりを活発にしていく傾向があります。

　日本の子どもにとってネットは、それを通して世界につながったり、多種多様な人々の生活や考え方や価値観を知るために、また人々や社会に役立つために利用するというより、自分の気持ちや考えが近い人とつながり、自分を中心に生活しやすい環境をつくるために利用することが多いようです。

子どものSNS利用の問題点

　子どもたちにとっても欠かせない存在になりつつあるSNS（ソーシャル・ネットワーキング・サービス）ですが、安易な利用から子どもが大きなトラブルや犯罪に巻き込まれることが増えています。家庭にいながら、性犯罪や多額の課金、詐欺などに巻き込まれるなど内容は深刻です。

　●出会い
　以前はインターネットで他人と出会うきっかけに「出会い系サイト」があり、子どもの利用には警戒されていましたが、今はSNSを通じて子どもが大人と出会い、性犯罪に巻き込まれる事件が増加しています。一般的に使われているサイトもあり、フィルタリングをスルーしてしまう場合もあり、より子どもの利用に保護者が注意を促す必要があります。
　また、SNSで知り合った人と「親友」になったり、「恋愛」という関係になることもあり、リアルな学校の友達と疎遠になるという問題も起きています。さらに、相手が実際はどのような人物か知らずに信頼して会ってしまい、乱暴されたり殺害されるという事件も起きています。

　●SNS疲れ
　SNSが広がるにつれ、その利用によって疲弊する子どもたちも増えています。LINEで複数のグループを作っている子は、グループのLINEと個人LINEを同時にしながら会話をしている子もいます。帰宅後も学校の友達と話し続けるのに楽しい反面、気を使う相手ともつながってしまい、それが負担と感じている子もいます。常に友達とつながる関係に、"ほっ"とする

時間が持てずに疲れる子もいます。

　取材した中学生3年生の男子は家に帰るとすぐクラスのラインを立ち上げますが、そこに一言書き込むときに「どう書けば相手に誤解されないか？」など、内容に気を使うと言います。いろいろ悩んでいるうちにグループ内の会話が進み、「なにかしゃべれよ」と言われ焦ってパニックになることも時々あると言います。さらに仲のよい友達がクラスラインで悪口を書かれていた場合、クラスラインで友達をかばうことはせずに、個人ラインで本人と会話し、なぐさめるそうです。同時に複数のラインで会話をするのは相当な負担があるように感じます。また少しスマホを放置していると数100件のコメントがたまっていて、それを猛スピードで読み返信したり、深夜にたまったコメントを朝学校へ行く前に20分くらいかけて流し読みしてから登校するという子もいます。

　他にも高校生に聞くと、下記のようなことに気をもんでいます。
・彼氏（彼女）のログイン*状態が気になる
・試験前日などにみんなで勉強の進捗状況をチャット*する
・友だちの書き込みが気になり明け方まで見てしまう
・SNSの情報をチェックしていないと不安になる
・友だちの行動が気になる
・友だちの数やフォロワー*の数が気になる

　さらに、こんな女子高生もいました。試験中に友達がラインのグループ内で、「誰かこの問題の答え教えて」と質問を載せたのにグループの誰も答えていないと気になり、自分の勉強を後回しにして答えを調べて返信してし

＊ログイン：特定のサイトやサービスに接続すること。
＊チャット：ネットを使って文字や音声、ライブなどで会話をすること。
＊フォロワー：ツイッターなどで特定のユーザーの更新を見るために登録した人のこと。

まう。友達思いや使命感、同調圧力など様々な理由で自分を犠牲にしている子もいるのです。精神的な負担も大きいと思います。

　これらのことが理由でSNSを過剰利用したり、深夜・明け方まで利用し、疲れてしまうこともあると言います。昔は見えなくて想像の域であったことがSNSで可視化され、いつ、どこにいても知ることができるようになったのですから、気になることだらけです。時間を意識せずにSNSを利用していると、何時間でも利用してしまうということになります。

●悪ふざけ・いじめ
　ネットを使った悪ふざけやいじめによるトラブルは後を絶ちません。SNSをいじめの道具の一つとして使うケースが増え、いじめの問題はより深刻になっています。学校から出た後も24時間、場所を選ばずいじめがつきまといます。被害に遭う子は気持ちを切り替えたり、どこかに避難することができません。またいじめは子どもたちの端末の画面の中で繰り広げられるため、大人は把握しづらくなっています。日常茶飯事に行われるLINEのグループ外しや友達をからかったりいじめている写真や動画をSNSにアップすることは、大人はひどいいじめと感じても、子どもの中にはあまりに手軽にできるため、やっている本人は悪ふざけのつもりで罪悪感がなかったりします。他にもわいせつな言葉や写真を異性の友達に送ったり、友達のふざけた飲酒や喫煙の画像をみつけてSNSで拡散し、本人をネットで征伐するなどの行為も起きています。

　大人から見えないSNSは、いじめの道具としては効果的だと知っているのです。特に集団で一人の子を追い詰める誹謗中傷やいじめは深刻です。あるケースでは、一人の女子中学生がクラス全員の生徒になりすまし、特定の女の子に「学校やめろ」「おまえがいると空気が悪くなる」などひどい言葉を送り続け、送られた子が引っ越しを余儀なくされたケースもあります。さ

らに、被害に遭った子が自殺未遂や実際に自殺に追い込まれてしまった事件もあります。

●言葉の勘違い

ちょっとした言葉の勘違いが原因で大きなケンカに発展してしまうこともあります。実際に顔を合わせて話せばなんのことはない会話が、チャットやメールなどテキストのみの会話だと誤解されケンカになるのです。ある女子高生は、グループトークの中で「はぁー」とため息のつもりで書いたところ、語尾を上げた「はぁ↗」（キレた）と勘違いされてしまい、グループのみんなにその誤解を解くのに数日かかったと言います。そのような些細なすれ違いによるトラブルは頻繁に起きていて、そこからケンカになったり、誤解から友達関係が壊れてしまうこともあります。

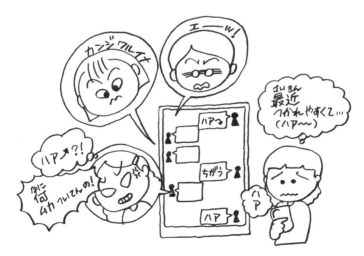

●児童ポルノ・性的被害・リベンジポルノ

SNSを介して未成年者が大人と出会い、犯罪に巻き込まれるケースが増えています。以前から中学生や高校生がネットで知り合った人に言葉巧みに呼び出され、殺害されたり乱暴されるという事件はありました。年々出会

い系サイトで性犯罪に巻き込まれる事件が減る一方で、最近はソーシャルメディアが未成年者と加害者との接点となる事件が増加しています。だます手口も様々です。年齢や性別を詐称して子どもたちに近づいて信頼させ、子ども自身が自分の写真を撮って送るように仕向け、送ってきた写真を使い脅迫し実際に会って性的暴行を加えるという悪質なものもあります。

　なりすますのは大人だけではありません。すでに7年前になりますが、小学生向けの講座をした際に、小学6年生の女の子が「ゲームで知り合った人が会いたいと言うんだけど、会ってもいい？」と聞きに来ました。詳細を聞けば、相手は近所の中学2年生の男の子で、ゲームのSNSを使って知り合ったと言います。相手の写真も送ってもらい、顔は中学生だったというのです。写真が本物か分からないし、会うことの危険性を話し、やめるように言いましたが、そのときの女子児童の言葉は「私も嘘の年齢で中学生って言っているんだ」とのことでした。自分も嘘をついているのに、相手が嘘をついているとは想像できず、自分は大丈夫だと思い込んでいるのです。

　「ネットの危険は自分には無関係」と思っているのは、その女子児童だけではありません。高校生向け講座をしたときにも、「夏休みに他校の男子と

会う」と弾む声で話している生徒がいました。知っている人かと聞くと、ネットでいつも話し信頼していると言います。危険であることや、親に話すように言っても、大丈夫と自分の安全を信じ切っていました。ネットを介すると急速に相手に親近感を持ったり、文字の会話だけでリアリティがなく危険を感じづらいこと、また自分の思い込みで相手を決めつける傾向が非常に強く、現実世界より危険が身近にあることを実感しにくいようです。

　平成26年度上半期の警察庁の調査では、児童ポルノ事件の被害者として、全国の警察が2013年に身元を特定した18歳未満の子どもは646人に上ります。前年より22％も増えています。そのうち42％は「自撮り（自分で自分を撮影すること）」をし、相手に写真を送っていました。対象は女子だけでなく男子児童もいます。特に男の子は自分が対象になっているとは気付きにくいようです。
　この問題は性教育の問題につながります。家庭や学校で性教育をきちんと教えてもらう前にネットで性の情報に触れたり、興味本位で関心を持つことは子どもに誤った性知識を与えることになり、性犯罪の被害者や加害者を増やしていることにつながるのです。

●課金

SNSの中にはアバター*を利用するものもあります。アバターの利用は無料で始められることが多く、後々アイテム*購入やプレゼントという仕組みで課金をするものもありますし、アバターの装飾にお金をかける子もいます。とくにゲームサイトでは数万円のアイテムを購入してしまったケースや、アイテム欲しさに違法に不正アクセスをしてしまい補導されてしまう子どもたちもいます。

●情報の受信

テレビや新聞などのマスメディアでは、残虐すぎる内容には編集や画像加工をして情報を掲載します。またニュース以外でも倫理に触れる内容はテレビではカットされたり、ぼかしが入っています。これに対しインターネ

コラム

子どもでもできるネットビジネス

インターネットを使ったビジネスは年齢に関係なく起業することができます。女子高生のベンチャー企業家や「歌ってみた」「踊ってみた」から芸能界へのデビューも可能です。またユーチューバーという仕事はユーチューブへのアクセス件数が収入につながり、ゲーム攻略や商品の宣伝、または趣味の動画をアップして仕事にしている人もいます。子どもたちもそんな仕事に憧れ、動画をアップしている子もいます。また自分の描いた絵をSNSのスタンプに登録して、数千万円の収入を得た小学生もいます。

---

*アバター：ネットで使う自分の分身キャラクター。
*アイテム：ネットではゲームなどの道具や武器をさす。服や髪などの装飾をさすこともある。

ットでは、なにも編集されずに動画や画像が流れています。

　最近、ニュースなどで人が処刑されるというような残忍な映像が相次いで流れました。興味から自分で動画を見る子もいましたが、中にはSNSで拡散されているものや友達のSNSから共有されてきてたものを、なんのインフォメーションもなく突然、目にしてしまい、ショックから立ち直れないという子どももいました。また子どもたちがそのような画像を見てしまったことで、今後の子どもの人格形成や心への影響も懸念されます。また情報を疑うことをせず、ニセの情報を信じてしまうこともあります。

●情報の発信

　SNSで自分の日常や、気持ちを発信する子も少なくありません。昨年起きた女子高生が同級生を殺害した事件ではすぐに犯人探しが始まり、まだ犯人と確定されていない女子高生の写真や個人情報があっという間にSNSを介して広がっていきました。拡散している子どもたちのなかには、「本当にこの子が犯人かな？」と疑問に思いつつも、瞬時に拡散したいという気持ちに煽られ友達に教えたという子もいます。自分が情報発信をする際も、情報の信ぴょう性を確認する

子は少ないようです。学校においては、友達の嘘や悪意ある嘘を広めることが問題になっています。嘘を広められるというトラブルは子どものトラブル経験の上位にあります。

　他にも自分の日常や自分の気持ち、非日常的な出来事をブログにアップしたりツイッターに書き込む子もいます。中にはアカウントを複数使い分け（本アカ、裏アカ、趣味アカなど）アカウントごとに言葉や性格を使い分け、違う内容の書き込みをしている子もいます。アカウントを複数持つことは問題ではありませんが、中には長時間ネット利用の一因になっていたり、ネットで作る自分のキャラに依存してしまう子もいます。

●情報の偏り
　SNS内の情報は全て正しいとは限らず、たとえ友達がシェアしてきた情報でもそれが正しいかどうか見極める必要があります。かつてはチェーンメールというような形でまわされていた情報が、今はSNSを使って拡散されていく状況にあります。災害時の情報、犯罪の加害者・被害者情報、タレントの情報など様々なものがシェアされていく中で、その情報の真偽を見極めることと、それを自分が拡散してもよいのかどうかの判断が求められます。場合によっては嘘の情報を拡散することにつながりかねません。

　またSNSで広まっている情報を何でも鵜呑みにしたり、自分の考えに近い情報や自分に都合のいい情報を集めていき、自分では多くの情報を見ているようで、実は偏った情報ばかりを集め、自分を主観の世界に固めてしまっているケースもあります。
　以前中学校で「ホロコーストは学校で教える嘘の事実」と言っている男子中学生がいました。先生がいくらその事実について話をしても、まったく信じず、そう思う根拠はなんなのかと聞くと、ネットの情報だというのです。

ネットには様々な情報が載っているにもかかわらず、彼は自分の考えに近いものばかりを見て、客観的に情報を見ることができなくなっていました。彼は結局、先生や教科書は嘘を教えていると信じて疑わず、中学校を卒業していきました。

●個人情報流出

　自分の本名や誕生日、学校名、メールアドレス、ケイタイ番号などをネットに載せてしまうだけでなく、友達の個人情報も安易に掲載してしまうことがあります。特にSNSは友達しか見ていないと思い込んでいる子も多く、個人情報流出の問題を頭では理解していても実際は安易に掲載しているケースが目立ちます。また知人や近隣校の生徒と親しくなるために学校名を掲載したり、普段遊ぶ場所を公開していたり、生年月日を公開したりしています。さらに写真に位置情報や撮影日時などが付加される場合があると知っている子は少なく、いろいろな場所で撮った写真をアップしている場合もあります。写真から自宅が分かってしまうこともあります。

　さらに中には悪意やいたずら心から友達の名前やメールアドレス、携帯番号などの個人情報をネットに載せる子もいます。

●犯罪

　小学生や中学生が友達のアカウントをのっとり本人になりすまし、ネットで知り合った他人からIDやパスワードを聞き出して不正にアイテムなどを盗むという事件がありました。またSNSを介して子どもを犯罪に利用する事件もあります。SNSで親しくなってからアルバイトに誘い、「オレオレ詐欺の受け子」として利用し性犯罪に巻き込むなど悪質な犯罪が増えています。子どもでも美人局のようなことをする子たちもいます。また大人に下着などを売りつけたり、子ども自らがSNSを利用して加害者側になることもあります。

●依存

近年 SNS の依存が増えています。モバイル端末の所持の増加や SNS アプリが豊富なこと、簡単に人とつながることができるなど理由は様々ですが、子どもたちの人間関係には欠かせないものになっています。

しかしその SNS で人間関係にはまってしまい、やめられない子が増えています。人と話すのが苦手だったり、いつも誰かと話していたい子、孤独を強く感じる子や、友達の中で中心的でいつも人と一緒にいる子など、タイプは様々ですが、SNS はいつでもどこでも誰とでもつながることのできるため、「常に使っている」「使っていないと不安」と思う子もいます。その利用は深夜遅くまで続いたり時に徹夜したりするために、遅刻や不登校、心身の不調につながることもあります。

コラム

大人の責任

最近、子ども自身が考える情報モラルの必要性が言われています。親や先生より子どものほうがネットを活用しており、トラブルの当事者であることから、自分で考えることが効果的であり大切である、ということです。また家庭によっては子どものネット利用に対して関心がなく指導できる大人が周囲にいないなかで、学校はみんなで問題を共有し対策を考えることができるなどメリットはたくさんあります。

それは大事なことではありますが、同時に大人ができることももっと考えなくてはなりません。ネット社会を作っているのは大人です。「インフラは大人が用意したから、整備は子どもが頑張ってするように」というだけでは、子どもにとっては難しく負担が大きすぎます。ますます大人が開発するツールに振り回される子どもたち、大人がしっかりと責任を取っていく姿勢も見せなくてはなりません。

3 ネット依存とは何か

1、ネット依存の診断基準

●ネット依存の状態から

　ネット依存と一言で口にするのは容易ですが、実際は病名と認められていないため依存の判断基準が難しい状況です。(DSM-5ではオンラインゲーム障害として認められる予定)。様々なところで研究や調査がされていますが、得られるデータから必ずしも一貫した結果が得られるわけではないため、そこから議論しなくてはならないという意見も多くあります。

　日本では調査によく使われるキンバリーヤングの診断基準も、作られたのが17年前であり、今のネット事情とは全く違う状況であったことやアルコール・ギャンブル依存症の診断基準を参考にして作られたことなどから、今のネット依存の診断基準には適当ではないのではないかという意見があります。また、国によってはヤング基準はほぼ使われておらず、専門的に研究している学者などのチェックリスト(複数)が使われているという話も聞きます。

　ネット依存を専門に診ているクリニックの患者さんの特徴や、エンジェルズアイズの相談事例からは、以下のようなことがネット依存の状態を示す内容になります。
・ネットの利用が極端に長く、セルフコントロールできない
・ネットに接続できないとイライラしたり不安になるなど、禁断症状が起きる

・家族や周囲に隠れてネットをする
・ネットの長時間利用が原因で現実社会や人間関係に悪影響を及ぼす
・ネットの長時間利用で、心身の健康を害する
・現実逃避にネットを利用する。

【参考】
さらに詳しい状態はサイトに紹介しています。
墨岡クリニックとエンジェルズアイズで作成したネット依存の診断基準は以下のアドレスから参照してください。
　http://www.angels-eyes.com/net_a/shindan.htm
　＊チェックリストではありませんので、個人での判断は避け、問題があると感じた場合は医師の診断を受けてください

2、更に詳しい分類

以下のAからHの項目について、更に詳しく見てみましょう。(ここはやや専門的なので、飛ばしていただいても結構です)
　A. インターネットの利用時間がコントロールできない
　B. インターネットの利用時間過多により日常生活が困難になる
　C. インターネット接続への強い欲求
　D. インターネットの利用を禁止または制限をすると禁断症状がでる
　E. インターネットの過多利用で、家族間の関係が壊れる
　F. インターネットの利用により、社会的活動に影響がでる
　G. インターネット利用によって起こる奇異な行動
　H. 周囲の協力を得ても、インターネットの利用時間をコントロールすることが困難
　I. 精神面の重度な変化

A インターネットの利用時間がコントロールできない
(ア) 利用目的がないのに長時間だらだらと利用する
(イ) 自分で設定した時間（もしくはルール）を守れない
(ウ) 自分ではやめたいという意思はあるのに、切断できない
(エ) 人からやめるように指摘されても、切断できない
(オ) 仕事、勉強以外でインターネットに3時間以上費やす
(カ) 周囲の人からインターネットをやりすぎだと指摘される

B インターネットの利用時間過多により日常生活が困難になる
(ア) インターネット以外のことに関心がない
(イ) 朝起きてまずインターネットに接続する
(ウ) インターネットがなにより最優先となる
(エ) 食事中・お風呂・トイレ中などにネットに接続する
(オ) 深夜または明け方まで利用するため慢性の睡眠不足
(カ) 過度の利用により眼精疲労・視力低下など身体に影響
(キ) 生活のリズムが変化、昼夜逆転の生活
(ク) 集中力の低下によるけがや事故に遭う
(ケ) 学力低下、作業効力低下
(コ) 睡眠不足などから常にイライラしているもしくはボーっとしている
(サ) 家族、周囲に隠れてネットを利用する
(シ) 現実逃避にネットをしてしまうことにより、ますます現実から離れてしまう
(ス) 部屋にとじこもってインターネットをしている
(セ) 生活習慣の崩壊（風呂にはいらない、トイレにいかないなど）

C インターネット接続への強い欲求
(ア) つねにインターネットのことが頭から離れない

(イ) 禁止場所でも接続してしまう
(ウ) 自転車などに乗りながら、接続してしまう
(エ) 常にネットにつないでいる
(オ) 常に手にインターネット端末（携帯・スマートフォン）を持っている（手放さない）
(カ) インターネットがないと生きていけないと感じる

D インターネットの利用を禁止または制限をすると禁断症状がでる
(ア) インターネットの利用を止められると、イライラする、周囲にあたる
(イ) インターネットの利用を止められると、不安になる
(ウ) インターネットの利用を止められると、激しい怒りに襲われる
(エ) インターネットの利用を止められると、物を破壊したり人に暴力をふるう
(オ) インターネットの利用を止められると、手が震える、ジンマシンが出る
(カ) インターネットの利用を止められると、泣く、大声を出す

E インターネットの過多利用で、家族間の関係が壊れる
(ア) 家族間のコミュニケーションの時間がない
(イ) 家庭における責任・関係を放棄する
(ウ) 家族に対して、暴言・暴力をふるう
(エ) 離婚・家出・ひきこもりなど深刻な家庭崩壊をしている
(オ) 家族を巻き込み家族にも精神的・経済的などの負担がかかる

F インターネットの利用により、社会的活動に影響がでる
(ア) インターネットをするために学校・会社を遅刻、早退したり、休むこともある

(イ) 仕事・授業・課題などがおろそかになる、またはまったくしない
(ウ) 成績の低下、仕事能力の低下が見られる
(エ) 仕事、学業、主婦業など責任の放棄（不登校・学校をやめる。仕事、会社をやめる）

G インターネット利用によって起こる奇異な行動
(ア) 周囲が目に入らない（他の事に関心をもたない）
(イ) 頻繁にメールをチェックする
(ウ) PC に向かって話しかける（チャットではなく独り言）
(エ) ひどい言葉を使ったり、残酷な行動をとる
(オ) わざと人を挑発するようなことを書きこむ
(カ) 人と一緒にいるときも、一人で携帯電話・スマートフォンをいじっている
(キ) ベッド、布団の中にパソコンを持ち込む
(ク) ネットに多額の金銭を使う（ゲーム・SNS に月数万円使う）
(ケ) ネット利用時と非利用時の性格が違う
(コ) 依存に対して開き直る

H 周囲の協力を得ても、インターネットの利用時間をコントロールすることが困難
(ア) 家族間で話し合いルールを作っても守れない
(イ) フィルターなどで時間制限をかけても、フィルター解除を求める（方法を探り自分で解除）
(ウ) PC を捨てる、携帯を捨てるなどをしても再度購入してしまう
(エ) 周囲からネット以外の事へ働きかけをしても興味を持てない（拒否する）
(オ) オンライン上の人間関係以外を否定する

1 精神的面の重度な変化
(ア) 別人格をもつようになる
(イ) 現実とネットの境界線がなくなる
(ウ) 疑心暗鬼に陥りなにも信じられなくなる
(エ) 自暴自棄になる
(オ) 幻聴・幻覚があらわれる
(カ) 万能感を抱いていると思わせる発言をする
(キ) 他人に対して腹をたてている、傷つけたいと思う
(ク) 自殺衝動がある（リストカットなどの行為）

にわかに信じがたいことですが、学校内でスマートフォンを取り上げられたら取り乱し、職員室や保健室で暴れたり先生を蹴ったりする女子生徒がいます。家庭では母親がネットの接続を切ったことに怒り母親を階段から突き落す小学生や、ネット利用を注意され、接続できないなら自殺すると親を脅迫する中学生もいます。中にはネットを切断したことにキレた息子が暴れ暴力を振るうので、身の危険を感じた親が警察を呼ぶことも少なくないのです。また、家族にネットの接続を絶たれ、家出をしネットカフェに入りび

たるという中高生がいるのも事実です。ネットの利用を止めようとすると豹変するというのも、ネット依存の状態の大きな特徴です。

【参考】

高校生のスマートフォン・アプリ利用とネット依存傾向に関する調査報告書. 平成 26 年 7 月 総務省情報通信政策研究所

www.soumu.go.jp/main_content/000302914.pdf

・官庁統計やアンケートから

コラム

「ネット依存」という言葉

　ネット依存という言葉は「依存・中毒」という言葉から、重度な精神疾患とイメージされてしまいます。それはネットのヘビーユーザーには受け入れがたいことです。趣味や仕事で長時間利用している場合でも長時間利用していればネット依存と後ろ指をさされてしまうことへの怒りや、「ネット依存」があたかも他の依存症と同じに扱われることを差別的に受け止めてしまいます。誰でも「自分は必要に応じてネットを利用している」と思っているのに、他人や家族から「あなた、ネット依存じゃないの？」と言われて不快に感じない人はいないでしょう。ネット依存の人は大人でも推計 421 万人、子どもでも推計 52 万人というデータがあるなか、ネットに依存する状態を問題として理解してもらうためには、もっと他の言葉で表現するほうが一般的には受け入れやすいのかもしれません。

3、相談内容から共通していること

エンジェルズアイズには、ネットがやめられないという本人や家族からの相談が数多く寄せられます。

●本人からの相談の場合
・自分がネット利用のON・OFFを切り替えることができずに膨大な時間をネットに費やしている。
・気が付くと常にネットのことを考えている、他のことに関心が持てない。
・ネットにはまってしまって受験など自分の大事であるはずのことをないがしろにしてしまう、またはリアルな生活で何か失敗をしてしまう。
こうした状態を「ネット依存の状態」と考えて相談されてきます。

●家族からの相談の場合
・息子（娘）がネットをするようになってから人が変わってしまった。
・ネットのし過ぎを注意すると、ひどく怒る、キレる、暴力をふるう。
・ネットにはまりすぎて学力が下がった。
こうした状態を「ネット依存の状態」と考えて相談されてきます。

医学的なネット依存の診断基準はまだありませんが、これらの相談事例から「ネット依存」というものがどういう状態なのかを考えることはできます。

●共通すること
本人が自分はネット依存ではないかと思い、そこから抜け出したいとい

う人の相談内容にはいくつかの共通点があります。
- ・社会・家庭など現状の生活に不満
- ・自分が家族に理解されず孤独だと感じている
- ・自分に自信がない
- ・家庭環境に問題がある
- ・将来に対して希望がない
- ・現実逃避にネットにのめりこむ
- ・自立できず家族のサポートを受けている
- ・発達障害や精神疾患を抱えている　　など

特に「家族や友達に理解されず孤独を感じている」という相談や「社会や家庭に不満を持っている」という相談の場合、ネット内で自分の気持ちを共有できる相手や理解してもらえる人と出会い、その人（人たち）との心地よい関係ができてしまうと、その関係から抜けづらくなってしまいます。リアルな社会では得られない、自分の居場所をネットに見つけてそこから抜け出せなくなってしまい苦しい思いをしています。

4、ネット依存のタイプ

　ネット依存の分類はいろいろあります。Youtube依存・SNS依存・オンラインゲーム（ネトゲ）依存・ウィキペディア依存・チャット依存・携帯＆スマホ依存（常に携帯をいじっている、携帯がないと生活できない）・メール依存・ネットサーフィン依存・掲示板依存・ブログ依存・ネットオークション依存・プロフ依存・セクスティ・エゴサーフィン・サイバーコンドリア・ウィキペディアホリズム・フォトラーキングなどです。
　最近は「コンテンツ依存」「つながり依存」や「きずな依存」という言葉で分類されています。しかし、コンテンツに依存しているようでもその中の人間関係にはまってしまい抜けられないという相談も多いことから、私は

サイトに寄せられる相談の特徴を参考に、生活スタイルで2つに分けて考えています。引きこもってネットをし続ける「インドア型」と、学校に行っているけれど常にモバイル端末を使い続けている「モバイル型」です。

● 「インドア型」
　「インドア型」はオンラインゲームや動画、チャットなどのコンテンツにはまっていて、自宅にこもり、外部と接触はもたないケースです。学校に行かずにずっとPCやスマホを使ってネットをしています。ネット内の人間関係も作らずひたすらネットをするタイプと、オンラインゲームや掲示板、動画サイトのコミュなどに友達がいるタイプがあります。部屋からもほぼ出ないケースでは、食事も親が部屋へ運ぶなどPCの前にいて動きません。
　中学1年生のオンラインゲーム依存の男子の自宅へお邪魔したときは、本人の部屋はカーテンが締切になっていて、部屋には驚くような立派な椅子とPC2台とテレビがあり、布団は敷いたままでした。小学校6年から不登校になり中学には一日も通っていませんでした。彼のように完全に引きこもり外に出ないタイプだと、食べて、寝て、ゲームをして、をずっと繰り返し、極端に太っていってしまう場合や、逆に食事をあまりとらず、不眠不休でネットを続け極限で倒れてしまう場合があります。彼は陽に当たらずまっ白で、白いその腕の細さから余り食事はとっていないようでした。
　また親がネットをやめるように言ったり、パソコンの電源を抜くような手段をとると家族に暴力をふるったり、家具を壊す、罵声を飛ばすなど家族への危険もあります。親の相談メールでは「素直な優しい子だったのに、まるで人が違ったようで怖い」と書かれてることも多く、性格も一変してしまいます。家族だけでは非常に対応が難しいタイプの依存です。

● 「モバイル型」
　「モバイル型」は、スマホのような持ち運び可能な端末を常に利用、没入

状態が長時間にわたりますが、日常生活は問題ないように見え、周囲にも似たような人がいるため、自覚することが難しいということがあります。勉強中もネットをしている、さらにそれが深夜に及び睡眠時間を削りながらやっているため成績が下がる児童生徒が増え、社会問題になっています。「ながらスマホ」などという言葉もあり、歩きながらスマートフォンをしていて駅のホームから落ちる事故にあった小学生もニュースになりました。他にも、スマホをしながら自転車に乗り、車や人とぶつかる事故もあり大変危険です。常に情報や人と直接、もしくは間接的につながっていたり、オンラインゲームにはまっているためネット接続ができない場所にいたり道具がないと不安になってしまう人もいます。

　電車内でスマホを利用している人も多くいます。中には仕事や友達との連絡もあるでしょうが、ゲームやSNS、動画を見ている人も多くいます。

　また暇な時間は無意識にスマホを起動しているので、退屈と感じる時間がなく、自分や友達と対峙する機会も失われています。外で活動しているようで実は、膨大な時間を気づかずにネットに費やし過ごしている子もいます。布団やベッドに持ち込み「寝落ち」するまで画面を見続ける子もいます。

インドア型依存	モバイル型
利用コンテンツサービス	
・オンラインゲーム・チャット・動画　など	・SNS、ソーシャルゲーム、動画、検索アプリ、まとめサイト、まんが　など
きっかけ	
・不登校 ・ネットを見ていて興味があるコンテンツにはまる ・学校・塾などの友達に聞いて ・親がやっていたから ・自室にパソコンがある　　　　など	・親、友達との連絡のため常時接続 ・スマホなどの所持 ・コミュニケーションに利用 ・暇つぶしに利用 ・スマホ・アプリのダウンロード ・同調圧力による長時間利用 ・ネットへの投稿 ・現実逃避　　　　など
環境その他の背景	
・ゲームの進化（映像美・システム） ・コミュニケーションツールの多様化 ・接続料金の定額サービス　　など	・モバイル端末の多様化や低年齢化 ・アプリの進化 ・Wifi環境の充実　　　　など
特徴	
・外部に接触を持たず関心もない ・昼夜逆転など生活リズムの崩れ ・肥満・激ヤセ（韓国では死亡例も） ・家族のサポートで生活 ・ネット接続を切ると暴力・暴言 ・家族だけの対応では難しい ・発達障害がある ・重度になると専門医の治療や入院が必要になることもある 　＊はっきり区別ができず、共通する特徴もあります。	・依存を自覚しにくい ・周囲の状況に注意がいかない ・隠れ引きこもり状態 ・学力低下 ・他のことに関心がない ・生活リズムの乱れ ・睡眠障害・視力低下 ・常に利用できる状態なので自分でのコントロールが難しい ・連絡手段や生活ツールにもなっているため利用の制限がかけにくい

第1章　子どものネットトラブル・ネット依存の実態

2004年に「ネット依存の相談」で、娘が親に隠れてノートパソコンを布団に持ち込みネットをしている……との相談があり、驚きましたが、今は当たり前のようにスマートフォンを部屋に持ちこみ、寝落ちするまで利用し、朝起きてすぐに利用する姿は珍しくありません。寝落ちするまでスマホをいじっている経験がある女子高生は40.8％とのデータもあります。

　こうした「インドア型」「モバイル型」の特徴を、前頁に整理しておきました。

5、長時間使うからネット依存なのか？

　相談内容からは、単に長時間ネットを利用しているから「依存」してしまうわけではないことが分かります。長時間使っていてもその時間が有益であったり、他の生活とバランスが取れていたり、社会に属している、周囲に配慮できる、ネット接続のオンオフを切り替えられる状況であれば、依存とは言えません。アルコールを考えると分かりやすいと思います。たまの飲み会で4時間5時間とお酒を飲んでも、毎晩晩酌を楽しんでいても、それをアルコール依存と言わないのと同じです。単にインターネットの利用やスマートフォンという道具の時間だけに注目し制限しても、それだけでは根本的に解決したり予防につながるとは言い切れないことが分かります。10人いたら10人の、100人いたら100人のネットに依存する要因となることがあり、対応はそれぞれの問題を探り解決することが必要です。
　特に予防については道具やアプリの依存性への対応の他に、家族関係（安心できる居場所）が良好であること、自己肯定感の向上、自己有用感の向上、将来への明るいビジョンをイメージする、などの対応で依存を防ぐことも重要です。

4 なぜネットにはまるのか

1、ネットにはまる今風子育て事情

　調べ物はネット検索か、SNS でするということは当たり前になりました。ソーシャルゲームや動画の視聴は特別なことではなくなりました。また家庭で親がネットを利用する光景も当たり前で、子育て中の母親の悩みや不安を解消するツールにもなっています。子どもの発育や子育てで不安を感じたときに、周囲に相談する相手がいない場合はネットから情報を得たり同じ悩みのお母さんと悩みを共有したりします。生活の中では、病院の予約などにネットを使うという病院も増えてきました。便利な反面、使いこなしている人と、ネットに頼らず生活している人との間に、時間的な余裕やライフスタイルの違い、考え方の違いが生じ、時にそれが原因でトラブルになることもあります。

　また公共の場で子どもが騒いだり泣いてしまい、周囲に迷惑がかかると感じたときに、子どもを静かにさせるためにスマホのアプリを利用する親もいます。「子どもがぐずったときにスマホであやすことがある」と答えた親は 6 割とのアンケート結果がありますが、月に 1 回未満の利用が一番多く、今はまだ「あやし」に頻繁に利用しているわけではないようです（アエラ BABY2014 年 10 月）。今後社会が子育てに協力的にならないと、子守り、子育て、あやしに使わざるをえないことも起こってくるかもしれません。

　親が考える、わが子にネット専用機器を持たせる時期についても、与えるのに最適な年齢は「小学校 1 年〜3 年生」と考える親が 28.2％と多いのですが、実際は自分の今の子どもの実年齢で持たせたいと考える傾向にありま

す。(0歳～3歳児の親なら0歳～3歳から持たせたい)

　次の項目を見てください。お母さんたちのネット利用も生活に欠かせなくなっていることが分かります。
  ・息抜きや空いている時間にソーシャルゲームやSNSを利用する
  ・ママ友のSNSのチェック
  ・夕飯のレシピの検索
  ・日常生活の不満をSNSで発散
  ・見逃したテレビを見る
  ・LINEでの友達とのおしゃべりや連絡
  ・子どもの成長や生活の記録を写真やアプリを使ってWeb上に残す
  ・遠くにいる家族の安否確認
  ・趣味の交流　など。

コラム

親も勉強が必要

　親の世代ではまだ情報モラルやリテラシーという言葉も教育も受けていない世代の方が多く、普段インターネットを利用していてもネットの基本知識やリスク、法律などを知らない人が多いでしょう。ニュースでは危険なことを知らされていても勉強する機会も時間もなく、不安だけが大きくなっている親もいると思います。最近は親同士がネットトラブルに巻き込まれることも増えており、親がネット依存という家庭もあります。逆にネットやスマホは危険だと思い自分自身は使わないという親や、必要がないので使わないという親もいると思いますが、使わなくてもネットの世界に関心を持ち、知識は得ておく必要があります。車の免許はもっていなくても、交通ルールを知っていたほうがいいように、知識があれば危険を回避することは可能なのです。

2、コンテンツに見るはまる理由

●動画サイト

　子どもたちの多くが利用しているのが動画サイトです。Youtubeやニコニコ動画、ツイキャス、ユーストリームなど、動画を見たりアップしたり自分で実況したりと、さかんに発信したり共有したりしています。

　動画共有サイトでは見逃したテレビを見たり、自分の好きなアーティストのPV（プライベート・ブランド）を見たり、音楽を聴いたり、ゲームの攻略法の実況やスポーツを見るなどに利用。自分の気に入るものをいつでも見ることができたり、自分の検索ワードに関連した動画が表示されるので、キリなくどんどん見ていくことにつながりがちです。

　以前、ある小学校の5年生の講座で「Youtubeで何をみるの？」と聞くと「ヒカキン！」と皆が口々に答えました。「ヒカキン見てる人〜」と質問すると全体の4分の3くらいが「はーい！」と元気に手をあげました。「ヒカキンってなに？」と質問すると、「ユーチューバー（自分が撮った動画を公開して収入を得る仕事）だよ」という答え。その場にいた先生方もまったく分からないユーチューバーという仕事をすでに子どもたちは知っていて、なかには「僕も将来はユーチューバーになってお金を稼ぐんだ！」と言っている子もいました。

　一時期テレビでも「私OLやめました」というユーチューバーに転職するCMが流れていました。依存相談の中にも中学生の息子が自分もユーチューバーになると言い、「勉強をせず常に動画のことを考えアップしていて困る」という内容もあります。動画共有サイトを利用する子は動画を見る仲間と過ごすことを楽しみ、会話や人とのつながりにはまる要因になっています。動画サイトによってもその性質から少しずつはまるポイントが違うこともあります。

●LIVE配信・実況中継

　ツイキャスやユーストリームなどのLIVE配信を利用している子もいます。ネットを介してリアルタイムで人とつながり会話ができたり自分自身の姿や行為を配信し、その反応を楽しんでいます。

　いつでもどこでもLIVE配信しながら誰かとつながることができるので、ツイキャスなどは子どもの深夜の利用も目立ちます。自分がなにかを発信すれば、それが特別な内容でなくても注目が集まります。さらにそこで話をすれば深夜一人で家にいても寂しさを感じずに、むしろ自分が中心となった展開ができるのです。また誰かがいま自分を見ているという視聴者数が画面上で可視化されるので、数字を増やしたいと思う子もいます。

　「誰かかまって」というタイトルを付けている高校生は、顔は隠しているのですがちょっと肌を露出させ、さらに着ている服を少しだけます。すると「もっと見せて」というようにコメントが増えていきます。さらに、画面の下にある視聴している人数は1500人ほどだったのが2000人、3000人と増えていくのです。そうすると本人は注目され関心をもたれることに高揚します。「わっ、2000人になった。うれしい。もっとみんな見て」と画面の中で言います。コメントするほうも「LINEしたいからLINE教えて」「顔を見せて」と盛り上がります。すると高校生は突然露出をやめしっかりと洋服を着こみます。とたんに視聴人数は一気にさがり「なんだ、おまえ本当はブスなんだろ」とか「なんだよ、ツリかよ！」「サイテーだな」とひどいコメントが続きます。ところが高校生はそれは承知なのです。

　自分の一挙一動でたくさんの人が操れる、そんな感覚を楽しむ子もいます。ネットを使えばどんなこともできると万能感を覚えやすいと言えます。決して現実の世界では得られない経験や気持ちになり、面白くてやめられなくなるのは当然です。

●オンラインゲーム

　子どもばかりでなく大人の依存でも問題になるのがオンラインゲームです。MMORPGという同時多数参加型のゲームや、FPSのように自分を中心に展開できるオンラインゲームにはまる人は多くいます。子どもが不登校、引きこもりになってしまうだけでなく、主婦が家事・育児放棄になる、夫が子育てに協力せず家庭内のことに全く関心を持たなくなる、ゲーム内で恋愛にはまってしまい問題が深刻になって離婚してしまう、といったケースもあります。大人がこれほどはまるオンラインゲームと同じ世界で子たちもプレイをしています。依存経験のあるある大学生は、プレイをしていると経験上その言葉遣いや行動から相手が明らかに小学生だと分かり、そんな子どもたちが毎日昼間からゲームに参加していることに危機感を覚えると言っていました。ただ、やめようと思ってもゲーム内のイベントやボーナスなどに誘惑されてやめられず苦しみます。そうしたゲームの仕掛けに、自らゲームをやめるのは難しいのが現状です。

●ソーシャルゲーム

　ソーシャルゲームは簡単にモバイル機器でプレイできるゲームです。特にスマートフォンやタブレットでは画面を指でさわるだけで操作できるものが多数あり、いつでもどこでもすぐにプレイすることができます。ただ毎日同じゲームをするだけでなく、友達とランキングを競ってレベル上げやアイテムを集めることに夢中になる子もいます。一大ブームのパズドラに関しては、中学生でも多くの生徒がやっています。クラスの大半の男子がやっていて、ランキングを競っています。中にはパズドラのランキングがイコール学校のクラスでの自分の格付けになっているところもあり、いくら時間をかけても上位に上がれない子は自分が１位になるために長時間プレイをしたり課金をするという子もいます。

　またソーシャルゲームなどは毎日ログインするだけでプレゼントをもら

えるので、中学受験をする小学生は、受験中はゲームのプレイを我慢してただログインして宝石をため、受験が終わってからたまった宝石で延々とゲームをしてしまうこともあります。受験という目標を達成してしまうとその後は目標を失い、勉強をせずゲームにはまってしまうことにも注意が必要です。進学した中学校のトイレで隠れてゲームをして停学になる子がいるなど、周囲が見えないほど夢中になることもあり、持ち運びができることから切り替えがしづらくやめられなくなります。

●SNS

SNSはツイッターやフェイスブックというコンテンツに依存する問題と、その中での人と人とのつながりに強くはまってしまう問題が顕著に表れるコンテンツです。

コラム

横並び男子

最近ショッピングモールを歩いていると、男子高校生や大学生が数人で一緒にショッピングをしたり、フードコートでスマホを手に長時間おしゃべりしたりするなど、男女変わらない姿を見かけます。ただ気になるのは、歩くとき4人でも5人でも横一列に並んで歩く姿です。混み合う店内でも誰かが下がって後ろを歩くわけではなく、横並びをキープしています。学校内で一人でいることがカッコ悪い、暗いなど悪い印象を持っている今の子どもたち。一人になりたくないという思いが強く、実際は仲がよくなくてもとりあえずグループに属している、そんな話も聞きます。ぶつかりながらも横並びをやめずに歩くその姿に、仲間から外れないようにという気持ちが表れているように感じます。見えない気持ちのつながりより、表面的なつながり重視のその光景には、SNSで可視化される友達の数も背景の一つになっていることがうかがえます。

前に挙げた動画やオンラインゲームのようなコンテンツも、ネットで知り合った人とのコミュニケーションツールになっていますが、SNSはリアルな友達との間でも盛んに使われています。特に学校に通う子どもたちの間では友達情報を知るためであったり、みんなと一緒にやらないといけないという同調圧力によるプレッシャーが強く、本人はやりたくないという気持ちがあってもやらざるを得ないという子もいます。また学校という環境では生活するために必要なツールとなっています。はまるというより利用しないとコミュニケーションや連絡手段がなくなるという不安な状況に陥っている子どもたちもいます。なかには学校でのSNSのつながりが負担になり、転校を希望する子もいます。

3、依存しやすい環境

●社会環境

今の社会ではネットは通信料が定額で使い放題、学生割引もあり子どもも使いやすくなっています。つい最近も、病院内でインターネットが使えるようになるという報道がありました。電車内では常に使えますし一部の航

空会社では機内でも使えるようになりました。夫と息子がネット依存だという母親は、「海外旅行に行くときには飛行機の中だけはネットを使えないからホッとする」と言っていましたが、今後は移動中でもネットを使うようになるので悩みの種が増えることでしょう。家族で旅行に出かけても、その時間を一緒に楽しめないのは寂しいことです。

　他にも今はコンビニや公共の場に行けば無線LANであるWifi環境は整備されています。便利になった一方で、親に家の中ではネット制限をかけられている子もそこに行けばネット使い放題になります。

●家庭環境

　親のネット利用の姿を子どもは見て育ちます。親が常にネットを利用していれば子どももそのように育ちます。リビングにいてもそれぞれが違う端末を利用していてお互いの会話がないとか、ネットでの会話のほうが実際に話す時間より多いという家庭もあります。親によっては、スマートフォンを持たないと学校や友達とのコミュニケーションに支障が出るという不安意識が強い人もいます。わが子がスマホを持たないと仲間外れにされるのではないか、運動会での役割分担がLINEで決められるため使ってないと損な役回りにさせられるのではないか、心配になります。「スマホはいらない」と言うわが子に、老婆心から無理に持たせようとする親もいます。

●現実逃避

　高校にお願いしてとったアンケートでは、ネットの長時間利用の理由に「ストレス」「現実逃避」「考えたくない」「脳を使うのが面倒」などが挙げられていました。ネットにはまる理由に「現実逃避」というのは大人でもあります。ですが、現実逃避にネットを使っても問題が解決することはないのでさらに現実が苦しくなり、ますますネットから抜けづらくなります。またそのことに罪悪感を感じている場合、その罪悪感を忘れるためにますますネ

ットをし続けるという負のネットスパイラルに陥る子もいます。

●暇な時間

　暇な時間があるほど依存傾向が高いという調査結果があります。とりわけ専業主婦、学生、無職などが依存度が高いという結果が出ています。学生の場合、暇だからということもありますが、スマホをやっていてやるべきことに気付かない、何かでストレスがかかるとついネットをしてしまうという、逆の行動も起きているようです。ネット以外に関心がなく、暇な時間をどう過ごせばよいのか分からず、ネットをしてしまう子もいます。

●リアルな体験・経験の不足

　ネット利用の低年齢化にともない、リアルな遊び体験、コミュニケーション不足などが起きています。遊び場所の減少や少子化による兄弟間の遊びが減っていったり、共働き家庭も増え、子どもと一緒に遊んだり出かけるということが少なくなっていることも問題です。また都市部では遊び場が減っていくことで、一人遊びや冒険のような好奇心をくすぐるリアルな体験・経験が少なくなり、ネット以外の遊びや興味、時間の使い方を考え付く

ことが難しく、一人で過ごす時間は全てネットで満たすことにつながります。自然に囲まれた環境に育つ子どもでも、ネットやゲームができる端末を与えると、それ以外の遊びに興味を失う子たちもいます。

4、道具の依存性

　道具としての依存も問題です。黒板をスマホで撮影したり録音してノートを取らず、それがその後の学習に活かせればいいのですが、撮影すること

コラム

勉強と遊びが同じ道具で大丈夫？

　スマートフォンやタブレットで学習という傾向が高まっています。学習用タブレットもありますが、設定で他のアプリをダウンロードすることができるものであればトラブルや依存の心配があります。大人でも惑わされがちな道具で、全ての子どもが学習できるかどうかは非常に難しい問題です。インターネットは諸刃の剣です。子どもの場合、しっかりと大人がついていれば利用できるかもしれませんが、小学生や中学生ではちょっとの息抜きや友達との連絡がそのままずるずると勉強の中断につながる子もいます。

　もともと勉強が好きな子であればうまく使いこなせるでしょうが、勉強が嫌いな子にはどんなに楽しい教材でも目的に沿って使うことは難しく、子どもによって活用できるかどうかの見極めが必要です。

　学習のための道具としての意識が高まってから利用する、もしくは親や教師がいるところで利用するなど、考える必要があります。

　つい先日も、携帯電話を持たない中学３年生の女子児童が弟の教育用タブレットを使い、ネットで知り合った人と会い性犯罪の被害に遭うという事件がありました。名称は教育用であってもそれ以外に使えればその名称を付ける意味はありません。

でホッとしてしまい、そのままという子もいます。試験前になるとLINEやツイッターの利用が盛んになります。分からない問題や試験範囲を聞く、友達と勉強の進捗状況を確認しあうなど、試験前の必須アイテムにしている子もいます。しっかりと予習復習し分からないことは学校の先生に聞いたり自分で調べたりするより、道具に安易に頼り過ぎているように感じます。

　自分の記憶の外部メモリ代わりに利用したり、すべての情報をネットの中に保存してそれに頼ることは、その道具がなければすぐ生活に困ることになります。いざ震災などがあって、ネットが使えず、本当に必要な人との連絡がつかないということが起きるなど危機管理能力が問われる問題でもあります。便利、簡単ゆえに、ますます依存していくことが懸念されます。

5、ネットを通じた人との関係にはまる

●ネットの友達だけに話せる
　子どもの中でネットの中のある特定の人(親友)にだけなんでも話せると

いう子がいます。数年間会ったこともないのに、SNSを通じてなんでも話している子がいます。リアルな友達との会話より話しやすく楽なコミュニケーションが可能なネットの人間関係が断てず、リアルな友達が減り、ますますネットの人間関係に依存するという負のスパイラルに陥ります。

●ネット恋愛

ネットで知り合った人と実際に会ったことがないのに、相手を好きになって恋愛に陥ることも少なくありません。リアルな世界よりも親近感を覚えたり、毎日話せるので本気で好きになる子もいます。そうなると毎日の会話が深夜に及ぶことになり、利用時間は長くなります。

●ネットキャラ

ネットは匿名の世界です。ハンドルネーム(Web上でのニックネーム)を使うことは当たり前です。コンテンツによってはアバター(自分の分身となるキャラクター)に名前を付けることから始まるため、小学生でもネットの中では自分のキャラを作っています。中学・高校生なら、ツイッターのアカウントを複数持っていて「本アカ」「裏アカ」などと内容を変えて利用する子もいます。リアルな社会でも大人はいくつもの顔を持ち、相手によって使い分けることはありますが、ネットという顔を合わせない世界でのキャラの使い分けは現実の「顔」とは違います。自分のキャラにはまり本来の自分よりネットの自分を好きになるなど、ネットが日常の自分の生活の場所になり、そこから抜けられなくなります。

●同調圧力

周囲に話を合わせなければならないというコミュニティの圧力を言います。もともと日本社会の特徴的な人間関係でもありますが、こと思春期の子どもたちにとっては「学校内での同調」というのは重要に感じがちです。そ

こに連絡やコミュニケーションに欠かせない道具であるSNSやLINEのようなツールが登場したことで、さらにその傾向が強くなりました。帰宅後も複数の友達とのやりとりで調子を合わせやめることができない、そんな悩みを抱える子もいます。

● 承認欲求

現実の世界で自分を認めてもらうことは難しいですが、リアルで満たされない自分の欲求をネットで安易に満たすことは可能です。

アプリでは、盛りアプリで最高な自分を作ることが可能です。なかには自分とのギャップを売りにしている子もおり、最高の1枚が撮れたらツイートするのは女の子として当然の行為とも思えます。男の子はどちらかというと、悪ふざけや武勇伝をツイートして注目を浴びる行為が目立ちます。一瞬にして注目を浴びることができるツールはやはり魅力的です。

中には『バカッター』と言われる行為のようにお店に迷惑をかける行為をネットに載せて炎上したり、LIVE配信でちょっと過激なことをして視聴者数をあげようとする子もいます。学校では目立たないけれど、ニコニコ動画では自分の歌をアップしている子もいます。現実での評価は学力やスポーツなどが主ですが、ネットでは歌、ゲーム、化粧、実況など様々な分野で評価されます。本来現実の世界で多様な個性が認められ評価されればいいのですが、それは難しいといえます。ネットでは自分のアイディアや目立つ一挙一動が認められて（注目を浴びて）それが気持ちよく感じるのです。

また一度「いいね」のような数が多くなると、数字が少なくなると気になり、もっと数字が欲しくなります。自分の評価が数字として可視化され気になり始めるとそれに一喜一憂し、ますますのめり込んでしまいます。

● 友達意識の変化

中高生に話を聞くなかで最近一番気になるのは、一人でいる友達を異様

だと思うという子がいることです。また自分も一人でいたくないという思いが強烈だということです。

　もともと友達に振り回されがちな子どもたちの気持ちが、SNSの利用も手伝ってさらに変わってきています。たとえば、ネットでつながる友達のグループ分けです。効率的な会話ができる友達のカテゴリー分けですが、友達の数が増え、カテゴリーごとに楽しい会話ができても、一人ひとりと強い友情を築くことは難しく、関係が浅くなることで不安な気持ちは強くなります。「にこいち」「イツメン」「ペア画」というものがあり、自分と友達が仲がいいという証しを示す言葉がいろいろあることもその気持ちの表れのようです。リアルでしっかりした人間関係が築けていれば安心できるのですが、そうでないとますますネットでつながっていなければ不安で、学校から帰っても友達が気になるのもそのためです。埼玉の私学が行った調査で、家庭にいて落ち着くと答えた子が中高いずれも60%を切るという結果がありました。家にいてもなお続くSNSでの友達関係に疲弊しているのも、自宅でくつろげない理由の一つではないかと思ったりするのです。

●気持ちや行動の共感・共有

　人は自分と話や考え、趣味が同じ人と理解し合えることは気持ちのいいものです。よくツイッターで「趣味アカ」という趣味のアカウントを作っている子がいます。学校や家族と共有できない自分の趣味を同じ趣味の人同士で共有したり、それを通じて友達になったりします。女の子では「ジャニおた」というジャニーズのファンつながりの子たちが、ネットを通して知り合った"友達"と実際に待ち合わせてコンサートにいったりしています。

　学校の友達や家族と共有できない喜びや感動、ときには悩みを共感してもらえる相手がネットにいる場合、その利用は長時間にわたったり、深夜または休日など自宅にいるとき"常に一緒にいて話す"こともあります。ある男の子は、自宅に戻ると自室にこもり部屋に鍵をかけ部屋の隙間に目張りをして、ずっと誰かと話をしていると言っていました。親が誰と話をしているのか訪ねても「お母さんの知らない人だから」と教えてくれないそうです。親に知られたくない"友達"や"恋人"と毎夜深夜まで続く会話に困っているという相談もあります。

　リアルで築けない人間関係をネットで得て、そこが心地いい場所になっている子もいます。意見が合わずにケンカしたりお互いに反発しても、必ず戻ることができる「安心できる居場所（人間関係）」を家庭や友達というリアルな人間関係で築くことができない場合、ネットで自分と共感できる人だけが集まり、自分が傷つかずにすむコミュニティをよりどころにしている。その場合、生活の中心はその人間関係になるのでネットがなくなると強い孤独や恐怖に襲われてしまいます。ネット接続を親に切られたり、親や先生にスマホを取り上げられてパニックになる子のなかには、スマホが自分の居場所や自分の全てになっている子もいます。奪われれば本人にとっては死活問題ですので当然、全力で抵抗することになるのです。

5 ネット依存のリスクを考える

1、ネットにはまりすぎて失うもの

人が現実社会で生活していくうえで必要なことが、ネットに依存する生活を続けることで失われてしまう場合があります。取り戻すためには多くの時間や大変な苦労が必要なものばかりです。失う前に失うことの怖さに気付くことが大切です。

●家族・友達・人間関係

依存のメール相談の半数は大人からの相談です。夫や妻のネット依存が原因となって夫婦で共有する時間がなくなり、家事や子育てもどちらかが負担することになり、解決手段が見つからないまま離婚に至ることがあり

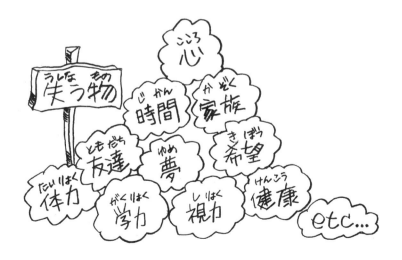

ます。また子どもが依存していくと、目の前のネットに夢中になりすぎて親の存在が疎ましくなったり、普段遊んでいた友達からの誘いも気乗りがしなくなって断りがちになり、だんだん誘われなくなってしまうこともあります。部活動をやめてしまうこともあり、周囲からどんどん孤立していき、気付いたときには大事な家族や友達、仲間を失ってしまうことになります。

●時間・将来・過去

　目的もなくただネットにつないでいるとき、リアルな世界での時間はただ過ぎていくことになります。ネットを8時間利用している子に、自分にとってその時間は役に立っているのか聞くと、まったく無意味な時間だと答えていました。人は自分自身や周囲の人間のこと、自分の将来や、今何をしようかな？など、いろいろ考える時間が必要です。たとえぼーっとしている時間でも脳には無意識に活動している部分があり、無駄にはなっていないのです。考えることをやめてしまうと、その人自身の生活や人生や将来が失われることになりかねません。またネットに依存していた場合、依存から回復し過去を振り返ったときにリアルな生活の記憶がなく、浦島太郎のように過去を失うことになります。

●心身の健康

　スマートフォンや携帯電話を利用してから気分の落ち込みや自己嫌悪に陥る子が多くいます。メール相談にも鬱のような気分に悩むという内容のものもあります。気持ちや環境を切り替えることなくネットをし続けることや、ネガティブな書き込みを読み続けて気持ちが落ち込んだり、孤独感が増すなど心の健康を失ってしまいます。また視力低下や睡眠障害が起きる、同じ姿勢でいることでストレートネックになったりスマホの利用で小指が変形するなど、様々な体への負担があります。肩こり、頭痛を訴える子どももいます。心身の健康を失うことは生活や命の危険とも隣り合わせです。

●学習時間・睡眠時間

　子どもたちの生活は忙しいと言われています。その中でネットに時間を費やすのは、本来必要な時間を削っているということです。学習時間の減少は成績低下という結果に表れ、睡眠時間を削ってネットをすることで朝起きられないなど生活リズムを壊します。最近は朝からゲームをする子も多くいるようですが、朝ゆっくりと食事をしたり、ゆっくりお風呂に入る、トイレに入るという人間らしい生活の時間も失ってしまいます。

２、犯罪被害者・加害者・トラブルになるリスク

　警視庁の調査によると、携帯電話が起因する犯罪の被害者になるのは高依存の子のほうが割合が高く、被害にあった際も家族に相談せず自分で対処しています。見知らぬ相手に対する気持ちも会ってみたいと答える子は高依存の子であり、出会い系の被害に遭遇する可能性が高いと言えます。また嘘をつく、約束を破る、禁止行為をするなどの問題行動をするのも高依存の子のほうが割合が高く、ネット依存度と問題行動の関係は明らかです。大人の犯罪とネットの関係は分かりませんが、凶悪犯罪の加害者は、無職、独身、孤独感が強いなどの共通点がいくつかあることからも、子どもがネットの世界にはまってしまい現実社会から孤立することのないように、親が関心を持つと同時に子どもの居場所づくりなど周囲のサポートも必要です。

【参考】
警視庁
・東京都青少年問題協議会のメッセージ
http://www.seisyounen-chian.metro.tokyo.jp/seisyounen/09_29ki_kinkyu-umessage.html
・中高生のスマートフォン等携帯電話利用に係る調査研究結果

3、社会問題・将来への懸念

●仕事時の集中力や作業効率の低下

　パソコンを使うデスクワーク中に、ついネットをしてしまい仕事がはかどらない、営業車やトラックの運転中にスマートフォンを利用しているなど、仕事中でのネット・スマホの利用が問題になっています。タクシー会社などで注意事項として禁止しているところもありますが、会社で規制がない場合、さらに仕事中の利用が増える可能性があります。作業効率の低下や運転事故など重大な問題が増えることが懸念されます。

●長期休養・退社など人材の損失

　ネット依存の特徴の一つに「ネット以外のことに関心がない」ということがあります。ネットがやめられず会社に遅刻したり仕事を休んだりするもあるでしょう。さらに会社に行きたくないという人や、ネット依存から鬱のような状態になり会社を長期にわたって休むということも起きています。このままでは、仕事をする人材の損失が増える可能性があります。またネットばかりしていることから、同じ職場の同僚や友達と会話ができない、他の体験や経験が不足しているため仕事や人間関係で起きるトラブルに対応できず、鬱などの病気になる社員が増加する懸念があります。

●未婚率の増加

　ネットでのコミュニケーションは、現実の生活で相手に気遣いをしながら生活するのとは違い、自分にとって快適な人間関係を築くことができます。ネットの人間関係を居場所にすると、現実社会で人と関わっていなくても一人ではないと感じることもできます。結婚することで好きなだけネットをすることを我慢しなくてはならない状況を敢えて選ばないという人も

増えていく可能性があります。すでにネット内で恋愛、結婚したり、現実を伴わない家族や夫婦の関係を持つ人もいます。ネットをよく使っている中高生の中には、リアルな人間は生々しくて嫌だという子や、結婚相手には自分がゲームをしていても文句を言わない人がいいなど、現実の人を結婚の対象とするより、ネットでつながった相手や仮想の相手と恋をしたり生きていく選択をする人が増えていく可能性があります。

●自殺者の増加

現実逃避からネット依存になっている人も多く、ネットに頼りすぎることによって、現実の問題がより深刻になってしまうことがあります。その結果、現実で生きていく力や場所を失い、自分を見失ったり、自暴自棄になったり、生きる希望を失う人が増えることが懸念されます。

●家庭の崩壊

すでに、家庭内にいてもそれぞれが自分専用の端末を使って違うことをして時間を過ごすという家庭もあり、リビングのテレビを囲んで一家団欒という光景が失われつつあります。日常的に共通の話題や一緒に過ごす時間がなくなり、お互いに関心を持ったり思いやることのない関係になってしまうと、家庭を持つ意味がなくなってしまいます。またネット依存の親によるネグレクトの問題があります。ネットに夢中になることによって、わが子が餓死や病死という悲惨なケースも増えていく危険があります。

●依存者増加による社会の負担

依存者が増えていくことによって、依存回復のキャンプや施設を設立したり、プログラムを作成するなど多くの費用がかかります。問題が社会全体で深刻化していけば、治療や対策に回す税金や国の予算が増えていくことが考えられます。

第 2 章

家庭と地域でできる予防と対策

1 依存予防でできること

1、依存の予防に必要なこと

ネットを利用する前や利用の初期に、ネット依存とはどのようなものかを知るだけでも、予防につながります。

●知る
・ネット依存について（依存とはどういうものか）
・ネット依存の要因（社会環境・家庭環境・道具やコンテンツの依存性・利用者の性格など）
・ネット依存の怖さ（身体への影響・精神への影響・失うもの）
・ネット依存が社会に与える影響（生活保護者の増加・SNEPの増加・人口減少）
・チェックリストなどで家族や自分自身の依存傾向（周囲の気付き・自覚）

●教える
・ネット依存について（ネット依存の原因やリスク）
・ネットに依存しない利活用について
・ネット依存を予防する方法

●考える
・いままでのネット利用について（自分や周囲の人のネット利用が問題

ないか)
- 家族でできる予防について（ルール作り・習慣作り・家族の関係・環境作り・本人の意識）
- 生活の中の快適なネット利用を考える（ネットとの適度な距離）
- 社会・地域でのネット利活用（個人利用に偏らない社会や地域社会のためになる利用）
- 学校生活の中でのネット利用のあり方（想定問答を作りイメージする・同調圧力・承認欲求に振り回されない利用）

2、根本的な対策

　同じ時期にスマートフォンを持ち、同じアプリを利用していても、ネットに依存しない子どもたちがいます。その子たちに話を聞くといくつか共通していることがあります。

　「家族の関係がよい」「自己肯定感が高い」「自己有用感が高い」「将来やりたいことがある」「決まった生活習慣がある」などです。ネットに直接関係ないように思えますが重要なことです。自分についてよく知り、考えていま

す。何かあれば相談できるような家族関係があります。中高生に特徴的な同調圧力にも強く、ネットでのいじめがあれば無理に会話を合わせず、自分の意見を言ったり、参加しないという選択ができます。また深夜遅くまで続くネットでのおしゃべりも、「もう寝るね」というように、自分から抜けることができます。現実にしっかりと安心できる居場所があり、自分のことを大事に思える、そんな環境と気持ちが育っていればネットに依存することはありません。ネットを使う以前にその辺りを注意し、子どもがしっかりと成長しているかどうか考える必要があります。

3、ネットのポジティブな活用

　今まで子どもたちのネット状況を見てきて、その利用が自分や自分のごく身近なことだけに使われていることに気付きます。プライベートやゲームに使われたり、電車内で周囲の人がまるで見えないように使う姿を客観的に見ても、自己中心的だと言えます。もっと視野を広げ、社会や人のためになる活用を、子どもたちは学ぶ必要があります。自分のために使うときも、自分の将来に必要な勉強に使うなどポジティブな利用を心がけることが大事です。今後のネット社会を快適にしていくためには、大人がそんな利用方法の見本をもっと見せていくべきかもしれません。そうした利用が一般的になれば、時間つぶしやネガティブな書き込みなどは減っていくかもしれません。現実の社会が住みよい社会になるために、人々が作ってきたルールやマナー、思いやりをネットの世界でも築いていければいいと思うのです。

親に持ってほしい意識

1、親に持ってほしい意識とその難しさ

●子ども自身や子どもの行動への関心

子たちがネットにはまる理由は様々ですが、親が子どものネット利用にあまり関心を持っていないケースも多くあります。子どもがネットで何をしているか知らなかったり、勉強していると思い込んでいたり、わが子に限ってネット依存や犯罪に巻き込まれないと思い、ネットの影響やリスクをあまり深く考えていないという場合もあります。保護者向けに話をしているときに、アダルトサイトの話をすると男の子の親に「男の子だから見て当たり前」と言う親がいます。ネットのアダルト情報はリアルの社会とは比較にならないほど露骨であることや、子どもは嘘や作り物であるとは考えられないこと、実はアダルトサイトも非常に依存性が高いことを知っていれば、そのような考えは浮かびません。

また、ネットは子どものほうが詳しくて親は分からないから仕方ないと言う親もいます。ただネットに詳しくなくても、自分が使っていなくても、子どものすることに関心を持つことはできます。ネットの危険性を理解し、自分で回避しながら利用できるまでは面倒でも関心をもって見守ったり、子どもとよく話をする必要があります。

そのときに注意してほしいのは監視ではなく、関心をもつということです。親がむやみにネットを恐れ子どものすることを常に"監視"していると、その気持ちは子どもに伝わります。すると、親に隠れてネットを利用してしまい、子どもの本当の姿が見えなくなってしまいます。

● 素敵なジージ、バーバでいて欲しい

　親に「スマホ（ゲーム機）はまだ早い！」と購入してもらえなかった子がおじいちゃん、おばあちゃんにねだって買ってもらったという話をよく聞きます。お手伝いのご褒美にお小遣いをもらい、それでWebマネーを買ってアイテムを手に入れた中学生もいます。孫は可愛いものですが、お孫さんが購入しようと思うものがお孫さんにとって本当に必要なものなのかどうか考えてみてください。自分はスマホやゲーム機を使っていなくても、使っている人の話を聞いてそれがどんなものか孫が使いこなせるものかを知っておくのもいいでしょう。スマホやゲームはいつでも購入できます。もっと楽しいことがたくさんあることを教えてあげたり、自分が子どものころにした遊びを一緒にやってあげることが、子どもにとって心の引き出しになります。引き出しが多ければ多いほど、大人になって困ったときに役立つ知恵も増えるでしょう。

　2歳のお孫さんが遊びにきたときに動画を見ていたので心配になったあるおばあちゃんは、「iPadちゃんも疲れておネンネの時間よ」と言ってそっとしまったそうです。若い親には気付かないところにも気付くのがジージ、バーバの豊富な経験だからこそです。孫の喜ぶ顔を見るためにスマホやゲーム機を買ってあげてそれ以来遊びにこなくなったという関係よりも、いつまでも一緒に話ができる素敵なジージ、バーバになってください。

● 親の過敏な反応や決めつけ

　物心がつく頃から、親や周囲のネット利用を目にしてきた子どもたちにとって、ネット利用は特別な世界やツールではなくなっています。親は自身がネットを使わなくても、「友達はどんなことにネットを使っているの？」など、子どもたちの利用を興味をもって見てみてください。

　わが子のネット依存を恐れるあまり、ネットの利用を一方的に禁止したり、「少しネットやりすぎかな？」と思った段階で子どもに「やりすぎ！」と

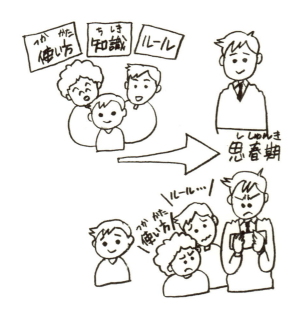

いきなり注意するのはよくありません。子どもにやりすぎの理由を聞くことを忘れないでください。とくに思春期の子は親に反抗するのが当たり前なのに、反抗するのはネット依存のせいと決めつけてしまう親もいます。

ネットやゲームが嫌いな親や、自分が余りネットを使わないときに過敏に反応してしまうこともあります。冷静にネットの利用時間や時間帯などについて話をする「気持ちの余裕」を持ちましょう。

●親のネット利用についても考えよう

依存傾向の高い子に家庭での話を聞くことがあります。すると、夕飯後、家族もみんなそれぞれネットをしているので会話がない、だから自分もネットを使っている、と話すことがあります。家庭も一つのコミュニティです。その中でお互いに相手を思いやり快適に過ごせるようにすることでそこが家族にとって居心地のいい居場所になります。大人の事情をむやみに振りかざし自分のネット利用を正当化するようなことがあっては、子どももそれ以上の家族とのコミュニケーションをあきらめてしまいます。

家族の生活や健康を第一に考えたネットとの距離やネットの共通の話題

を、いいタイミングで子どもと一緒に楽しんだり考えることも必要です。お互いのネット利用についても話し合い、一緒に住む家族がお互いに不快に思うことのないように、相手を意識した利用を心がけましょう。子どもの中には自分が話をしたいときに親がスマホを見ていてきちんと話を聞いてくれないことに不満をもっている子もいます。逆もあるでしょう。お互いにそんなときは、「話をしているときはスマホをちょっとやめようよ」と普段から言えるような関係でいましょう。自分中心の使い方だと家族だけでなく社会からも孤立してしまうことを親が教えたり、そうならないように利用する手本を子どもに示してあげましょう。

コラム

スマホに子守をさせないで

日本小児科医会が「スマホに子守をさせないで」というキャンペーンをしています。親の誤ったスマホ利用が子どもの成長にとってリスクが大きいことを広く知ってもらい、健全な子育てをするように啓発している分かりやすいポスターです。子どもとしっかり向かい合うことはとても大事です。親にとって一番大事なのは子どもであると同時に子どもにとって一番安心できる存在は親です。スマホが優先されてしまっては親子関係がしっかりと築けず、子どもの育ちにも影響あることを再確認しましょう。

出典：http://jpa.umin.jp/download/update/sumaho.pdf

3 家庭でできる予防と対策

1、ルールを作って守らせるには

●ルールは作れても『ルールを守る』ことが大事

　ネット依存の相談にくる方の中には、スマホを持たせる前に利用時間のルールを作ったという家庭があります。内閣府のデータでは、親子間でルールの設定があるか否かについて、親子間で認識に食い違いがあることが分かります（平成26年度青少年のインターネット利用環境実態調査より）。ルールに関してはあいまいなことが多く、ルールを作っても子どもは理解していなかったり実際には守られていないこともあるということです。

　「勉強をたくさんしたから今日は特別よ」「明日は休日だから今日は1時間多くネットしていいよ」など、特別ルールの存在も言われています。ルー

ルが守られないわけを保護者にアンケートで聞いたところ、「親が忙しいとき」親がルールを破ったり、「学校の連絡や友達の連絡があるから」と子どもに言われたとき仕方なくルールを破ってしまう、という回答が目立ちました。親の都合や我慢させたいときの手間を考えると、ついつい許してしまうようです。

●守れないのは子どもがルールを理解していないから？

生徒向け講座後のアンケートの中に、「親がスマホを持たせてくれない理由が分かった」「なぜルールが必要なのか分かった」と書く子がいます。親は子どもと話し合いながらルールを決めているつもりでも、親の気持ちが必ずしも子どもに伝わっているとは限りません。どうしてルールを決める必要があるのか、それは一般的なルールなのか自分に対してのルールなの

コラム

小さな子どものネット利用

　ときどき、テレビなどでやっと歩けるような子どもがタブレットやスマートフォンを巧みに操作する姿を誇らしげに話す親を見かけます。タッチパネルは簡単な操作で利用できるように作られているため、好きな動画を見るために画面をタップすることは、特別すごい事ではないのですが、最新機器を使っている赤ちゃんの姿はすごい！というように感じてしまうようです。単純に動くもの、音がするものを見たいからボタンをタッチするだけのことです。与えればどんな赤ちゃんでもくぎ付けになります。小さい子どもには子どもの実年齢からネットを利用することが適年齢と考えている親も少なくありませんが、ネットの利用はいつでもできます。子どもにとって大事なのは、広い世界に触れ、今しかできない経験を積みながらたくさんのことを学ぶことです。

かしっかりと理解させる必要があります。また決めるだけでなく口に出して読んだり自分で書き出してみることで、自分と関係のあることと感じたり記憶に残していけます。またルールに関しては夫婦が同じ考えで作る必要があります。「お母さんに内緒だよ」とか「お父さんがいないから……」と言いながら両親がちぐはぐなことを子どもに話していると、子どもは混乱してしまいます。

　ルール作りの際に、ルールを守らなかった場合のペナルティは作っておきましょう。ネットの通信費や端末の料金などを支払っているのは親ですから、親の借り物だという意識を持たせます。ルールを守らないときには返却する、一定期間利用停止にするなどの対応を、ルールを作るのと一緒に作っておくほうが実行しやすいでしょう。子どもが犯罪に巻き込まれたときの責任は親にあることも忘れず、後悔しないようにしましょう。

　ルールは子どもが将来自立してネットを使うための布石です。いつか子どもが大人になったときに分かってもらえると信じながら、親として毅然とルールに対応していきましょう。

　※あまりに依存度が高い場合は取り上げることで危険が伴うこともあります。ルールの実行は早期にしましょう。

●マイルールという考え方
　ルールはみんなで作るものですが、家庭や学校でルールが作れない場合、マイルールという形で、これだけは絶対に自分の中で一線引いておくというようなルールをいくつか決めておくように指導するのもいいでしょう。
　例えばこんな内容です。
・オンラインゲームでは絶対に課金をしない
・オンラインゲームでは人とつながらない
・友達とネットで話すのは夜10時まで
・勉強するときはスマートフォンを別の部屋に置く（バッテリーを抜く）

- 試験前2週間になったらSNSは使わないことを友達に告知する（SNSのトップにメッセージをする）
- 人と話をしているときはスマホをいじらない
- スマホを一番大事と思わず○○を常に優先する

あまりたくさん作ってしまうと守るのは難しいので、「これは絶対！」と思うことを3つ〜5つくらい考え、書き出して貼っておきましょう。

●ルールは目につくところに

ルールは勉強机やリビングの壁など目につくところに貼っておき、自然と意識できるようにしましょう。スマートフォンなど自分の利用するデバイスの壁紙にしておく、またはシールやカードにしてスマホに貼り付ける、スマホケースに入れておくなど、ルールが習慣になるまで目につくところに置いておきましょう。毎回口に出して読んでみることも忘れずに。

コラム

親同士のSNSが重たい

誘われて断れずにSNSを始めたけどそれがとても負担……と悩む人もいます。友達のお母さんのコメントに「いいね」を押さなくては……と強迫観念にとらわれたり、自分の子どもの写真をアップされてしまい「やめて欲しい」と」言えずに悩んだり。実際に会うとあまり話をしないお母さんがLINEでしょっちゅう親しげに話しかけてきて困る……など。なかには上の子でSNSのトラブルに振り回されて辛い思いをしたので、下の子のときはSNSに誘われても「私ちょっと変わり者だからSNSやってないの」と笑ってお断りしているという母親もいます。本来は楽しいはずのSNS。その利用については相手の気持ちを思いやるということと、相手の目線に立って考えるということをまず考えないと、実は本来の人間関係を壊してしまう道具にもなりかねないのです。

●大人が見本を見せて利用

　またマナーに関することや利用時間や時間帯などを親子で一緒に守っていくことも必要です。仕事の連絡や学校の連絡など確かに大人の事情もあるでしょうが、食事中はメールを見ないなどの「行為の優先順位」や、「歩きながら使用しない」「禁止場所では使わない」などのマナーは大人もしっかりと守る必要があります。

　そのためには他の親とも一定の意思確認が必要です。親同士が一定距離を持って利用していれば子どもたちも理解しやすいでしょう。緊急連絡は電話でする、緊急時以外の連絡メールは夜10時まで……など相手の状況を考慮しあうことが必要です。

　以前は暗黙のルールだった他者やよその家庭へのマナーも、ネットの普及に伴って曖昧になっています。大人でもうっかりすることがあります。最近は親同士のSNSによる同調圧力で、常にSNSをチェックしなくてはならないという状況も問題になっています。特に幼稚園や小学校、中学校などのコミュニティでは、親同士の連絡や情報共有などにSNSが欠かせず、子どもよりそちらを優先してしまうことに問題を感じている親もいます。予め「急な連絡は電話でしましょう」とか、「SNSで噂の共有はやめましょう」

「よその子どもの写真はSNSにアップしないようにしましょう」などのルールを作っておくことの必要性を、大人が見本となって示してあげましょう。

●子どものネット自立の準備

　目に余る子どもの携帯利用の姿に、親が思わず携帯を割った、スマホを壊した、ということをたびたび聞きます。状況を聞くと、時間になってもスマホをやめない、「約束を守らなかったから」ということです。壊すまでには何度もやり取りがあるのですが、「3万円もしたのに〜」「2年契約だから壊したら違約金払うことになるかも……」「わが子に嫌われるかもしれない」ということが頭によぎり、毅然とした態度が取れない親もいるでしょう。子どものために毅然とした態度で接することは大事ですが、そのためには普段から親子の信頼関係が確立し、いかに子どもに愛情をもっているかが伝わっていなければ、反感を買うだけです。親子関係がしっかりと築けていれば、一瞬は親に腹を立てても時間がたてば理解してくれます。道具の使い方などは子どものほうが上手でも、「してはいけないこと」や「物事の善悪」、「親や経験豊かな年長者や大人に敬意をもつ」「相手のことを思いやる」「自分を大切にする」という基本はブレずに大人が教えることが大事です。

　そんなやりとりを繰り返していき、いずれ一人でネットをしっかりと使いこなせるように「自立したネット利用」の準備をしていきましょう。今日明日でネットを使いこなせるのではなく、いつか一人でネットやスマホを使用するときのことを考え、親子でネットや道具と関わっていきましょう。もちろん、道具を購入する前からでも準備はできます。

2、ネット依存の自覚があったら

　もしかしたらネットにはまり過ぎ？とお思いなら、子どもたちにこんな

質問をしてみたり（高学年）、こうした眼で子どもを観察してみてはいかがでしょうか。
- ・ネットを始めてから友達が減ってきたような気がしませんか。
- ・ネットをしている時の自分の姿を見てやり過ぎと感じませんか。
- ・あなたにとってネットより大事なものは何ですか。
- ・5年後の自分を想像できますか。
- ・今ネットに費やしている時間や料金は、自分の人生にとって有意義だと思いますか。
- ・自分の意志で目的がある時にネットにつないでいますか。
- ・ネットを始めて楽しいことが減ってきてはいませんか。

そしてネットにはまりすぎていると自覚することがあったら、次頁の表のようなことを試してみてください。

3、ネットとの距離は人によって違う

　自称ネット依存という人とも会ったことがありますが、なかには長時間利用はしていても、客観的に見て依存とは言いがたいケースもあります。そこにはリアルな人間関係を大切にし、生活の中でネットのオン・オフのスイッチを使い分けている姿があります。中学生までは経験や体験の未熟さがネットの利用内容や利用時間にマイナスの影響を与えているケースが目立ちますが、高校生以降になり、しっかりと分別ができていれば利用時間だけでネット依存の問題を取り上げるのではなく、その関わり方について考える必要があります。車の免許が取得可能なのは18歳以上です。それが責任の取れる年齢なら、インターネットもそれくらいの年齢までにしっかりとした知識やリスクを理解する力をつけていき、さらに家族や周囲との良好な関係、自己肯定感や有用感、将来へのビジョンも立てられれば、うまく距離をとりながらネットと関わることも可能と言えるかもしれません。

- □ ネットに接続する時間を減らす。
- □ ネットに接続しない、パソコンやスマホをしないなど、ネットの休日を作る。
- □ 自分のネット利用を書き出して使い方を見直す。
- □ ネットをする時間／サイト（コミュニケーションは避ける）を決めてそれ以外はつながない。
- □ 旅行に行くなどして強制的にパソコンから離れる。
- □ 友達に相談して、協力してもらう（遊び・ショッピングに一緒に行くなど）。
- □ 家族に相談して、1人でネットにつなげないようにフィルタリングなど時間制限をかけてもらう。
- □ ネット依存に関する信頼できるサイトの管理人に相談する。
- □ ネット依存で「地獄を見た人」やネット依存を「克服した人」の体験談を聞く。
- □ ネット以外のことに関心を持つ（オシャレ・本・映画・音楽・筋トレなど）。
- □ ネットをしている時の自分の姿を客観的に見てみる（ダサくないか・清潔かなど）。
- □ クールな自分になれるようにイメージトレーニングをする（ファッション雑誌・インテリアを変えるなど）。
- □ 今のままネットを続けた場合、5年後・10年後の自分はどうなっているか想像してみる。
- □ ネットがしたくなったら、とりあえず外に出てみる（本屋・コンビニ・散歩など）。
- □ ネットがしたくなったら、友達に電話をしたり、音楽を聴いたりする。
- □ ネット依存が病気だと意識して、治そうという強い意志をもつ。
- □ 専門医に相談する。

ネット依存の人は、みな同じ悩みや苦しみでもがいています。
ネット依存の身内をもつ家族や周囲の人も同じように辛い気持ちで心配しています。

●ある女子高生のネット利用

　普段からネットを常に利用していますが、家族や友達、部活内でのコミュニケーションは良好です。高校は進学校ですが、中間の成績を維持しています。試験など必要なときにはSNSの通知をオフにしたり、友達へ「試験期間なのでネットをしばらくお休みします」などと告知して勉強に集中しています。たまったメッセージに関しても、こだわることなく対処しています。肩こりや目の疲れを感じることもありますが、そうした時はネットの利用を休んでいます。

●ある大学生のネット利用

　学校の友達や後輩からネット依存と言われる大学生です。しかし成績は極めてよく、大学にもちゃんと通っています。オンラインゲームとSNSにはまっていますが、関わっているのはリアルな友達だけと決めています。家族ともよく話し、学生生活はきっちり過ごしており、明るく対人関係も良好です。家族、友達と過ごす時間以外はネットを使っているのですが。

●ある社会人のネット利用

　仕事以外の時間はネットを常に使っていますが、仕事や人間関係は良好で、職場やリアルな友達以外にもネットを介した友達もいます。「歌ってみた」やボーカロイドで作曲もしています。ネットに詳しいので依存している人は分かりますから、依存が進まないように遊びに誘ったりしています。

　このように、ネットの良さと怖さを知り、ネットとのかしこい関係を築いていくことも大事でしょう。

学童・児童館でできる取り組み

1、学童・児童館はネット教育に重要な場所

　学童・児童館は、次のような点で、ネットトラブル、ネット依存防止の教育の場として大事な役割を果たすことが考えられます。
- 子どもたちのトラブルの多くは、ネットに関する知識がないことに起因する（ネットに関する基礎知識・危険性・活用）。学校や家庭では学ぶ機会が少ない情報モラルについて、比較的時間にゆうずうのきく学童生活の中で、ネットしている子やしていない子関係なく、異年齢の友達と一緒に学ぶことが可能である。
- ネットに関するトラブルは親や先生には話しにくいこともある。信頼できる大人として学童の先生や卒業した先輩に相談しやすい（卒業した子も立ち寄れる居場所としての存在）。
- 一人でも、子どもたち同士でも、大人と一緒にでも、アナログな遊びや体験、コミュニケーションができる場所である。依存防止に必要な様々な体験や遊びができる。
- 子どもの異変のサインが見つけやすい。トラブルや依存に陥る子どもはそれぞれ問題を抱えているが、第三者のほうが問題に気付きやすい場合もある。問題が家庭や学校、本人の性格や発達障害の場合もある。

●心を痛めている教職員も少なくない
　学校の先生だけでなく、子どもたちの異変に数年前から気付いている学童・児童館の職員が多くいます。以前は、児童館に来る子どもたちは元気に

遊びまわったり、カードが流行ったときは大騒ぎでカードゲームをやっていた姿がありました。それがここ数年、ゲーム機を皆がもちより、階段などに座り静かに声もなくゲームをしている姿に違和感を感じていると言います。子どもたちが一体何をしているのか、分からな場合もあります。児童館によってはゲーム機の持ち込みを禁止したり、スマホは使用しない、という規則を作ったところもあったそうですが、そうすると来館する子どもが減り、外でスマホやゲームをしているので、安全のために室内での利用を認めたというところもあるようです。

昨年、練馬区で児童・学童館の職員の方向けの講座をした際に、子どもたちのネットをめぐる現状をお話ししました。講座後に職員・先生からご意見をいただきました。

その内容はみなさん、現状を知った驚きと危機感が書かれており、それに対して何ができるかを考えてくださっていました。ほとんどの方が、アナログな遊びや、友達と一緒にする遊びをたくさん知っているので、ぜひ子どもの依存予防に取り組んでいきたいという、とても心強いものでした。

【児童館勤務の男性からのメール】
　僕は児童館に勤務しています。ネット依存の中学生にどのタイミングで声をかければよかったのかと悩んでいます。児童館に毎日遊びに来る男の子がいました。小学校のころは虫取りが大好きな男の子でしたが、ある日だんだんネットに傾倒していくのに気付き気になっていました。僕自身ネット依存の経験があり、このままでは危ないと思っていたのですが、どのタイミングで注意をしたらいいのか分からず、その子はやがて児童館に来なくなりました。そのうちにその男の子が中学校を休んで不登校気味になっていると耳にしました。依存かもしれないと気付いていたのに、遊んであげられなかったことなどが悔やまれます。

● 第2章　家庭と地域でできる予防と対策

2、学童・児童館でできる情報モラル

●ネット依存気味? 子どものサインに気付いて

　学童保育では保護者と顔を合わせることもあり、子どもだけでなく家庭の様子も分かることがあります。延長のお預かりで迎えにきた親がスマホを見ながら現れて、挨拶もそこそこに子どもを連れて帰ることもあるそうで、心配している先生もいます。児童館の先生は、子どもや保護者の依存のサインを見過ごさないように関心を持って見てあげてください。

　次のような子どもには要注意です。
・最近元気がない、寝不足気味だ
・親がネットにはまっているようだ
・子どもがネットの話ばかりするようになった
・今まで好きだった遊びなど、いろいろなことに興味関心がなくなった
・ネットの使い過ぎを注意するとキレる、苛立つ
・家庭や学校でトラブルを抱えていて、かつネットを自由に使っている
・大人や他のことに対してさめている

●学童・児童館でできること
・先生が勉強会などを開き、子どもにネットのリスクを教える。
（保護者を対象に「夏休み親子で学ぶネット・スマホの使い方」「放課後の時間の使い方」などの企画をたて、家庭で意識を持ってもらう）
・先生を中心に親子ででネット利用について一緒に考える機会を持つ。
・子どもに各家庭のルールを持ちよってもらい、お互いの家庭のルールについて子どもに考えてもらう。
・児童館でのネットのルールや友だちとのルールを一緒に作る。
・ネットの上手な使い方や人の役に立つ利用を先生とみんなで考える。

●子どもが安心できる大人との関係や居場所作り
・ネットトラブルやネット依存について、家庭や学校で相談できないことを話せる場所を作る、またそこに担当の先生を置く。
・ネットについて気軽に話すことができるように、他の学童・児童館の先生同士が情報を交換し合う。
・家庭への啓発のチラシや児童館だよりを発行して届ける。
・子どもから子どもへトラブルの情報発信、解決の意識の共有をはかる。
・既にスマホ、ゲーム機を持って使っている友達から、トラブルやその解決方法を学ぶ。
・リアルな遊びをたくさんし、体験の貯蓄を大事にする。同年齢・異年齢の友達とのコミュニケーションの経験を積む。

●D児童館の取り組み
　D児童館では、昨年の夏休み前にネット・スマホについての勉強会を行いました。その時に使用した資料を次に紹介します。

クイズ形式で、小学生を対象に実施し、それぞれの家のルールも紹介してもらいました。

★上手に使おう★

♪ネット・スマホ♪

トラブルにあわないために！

D児童館

クイズ1　友だちをかってにしゃしんにとってもいい？

　　　　いい　　　　わるい

クイズ2　インターネットにかいてあることはぜんぶほんとうのこと

　　　　ほんとう　　　うそもある

クイズ3　ゲームを長いじかんやっていると目がわるくなったり、ぐあいがわるくなることがある

　　　　ほんとう　　　　うそ

とくに夏休みはちゅうい！

▶ ひまな時間がたくさんあるときは
　インターネットやゲームにはまりやすいから「気を付けて」

〇まいにちの計画表をつくろう！

〇一日の計画表をつくろう！

みんなのルール

▶ 自分の家ではどんなルール？

5 ワークシートを活用してみよう

● ネットトラブル、ネット依存予防に役立つワークシートを紹介します。

✏️ 自分について　(予防)

自分にとって大切な人や大事だと思う事、自分のいいところについて考えてみよう

- 大切な人
- 大事だと思うこと
- 自分のいいところ

優先していること（家族・友だち・勉強・部活・遊び・ネットなど）

1.　　　2.　　　3.　　　4.　　　5.

自分が興味や、関心あること、やってみたいと思う事を書いてみよう

興味、関心あること	こんなことやってみたい！

🖊 自分のことを聞いてみよう　〔予防〕

いろいろな人に自分が生まれた時の気持ちを聞いてみよう

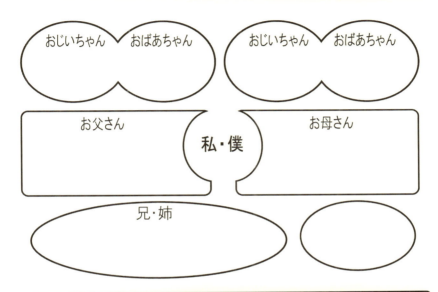

自分のいいところを聞いてみよう

お父さんから

_____のいいところは

「頑張っているなぁ」と思うところは

お母さんから

_____のいいところは

「頑張っているなぁ」と思うところは

● 第2章　家庭と地域でできる予防と対策

家族や友達、周囲の人に感謝

(予防)

家族にありがとう！ありがとうの気持ちを書いてみよう

お父さん、お母さん、おじいちゃん、おばあちゃん、兄弟姉妹へ「ありがとう」の気持ちを書いてみよう。また、自分は家族にどんなことができるのか考えてみよう。

ありがとう！ より	ありがとう！ より
ありがとう！ より	ありがとう！ より

自分が家族にできること

私たちはいろいろな人と一緒に生活しています。

家族だけでなく、友達や近所の人、先生、給食を作ってくれる人、登下校を見守る人・・私たちは色々な人と支え合って生活しています。その人たちに感謝の気持ちを書き出してみよう。また自分は友達や周囲の人にどんなことができるか考えてみよう。

さん ありがとう！	さん ありがとう！	さん ありがとう！

自分が友達や周囲の人にできること

計画をたてよう

(予防)

将来のことを考えよう！

将来こんなことがしてみたい

- こんな仕事がしてみたい ●＿＿＿＿＿＿＿＿＿＿＿＿＿＿＿＿＿
- こんな大人になりたい ●＿＿＿＿＿＿＿＿＿＿＿＿＿＿＿＿＿
- こんなことをやってみたい ●＿＿＿＿＿＿＿＿＿＿＿＿＿＿＿＿＿
- ●＿＿＿＿＿＿＿＿＿＿＿＿＿＿＿＿＿
- ●＿＿＿＿＿＿＿＿＿＿＿＿＿＿＿＿＿

おこずかいの計画をたてよう

ひと月に使うお金

ひと月に使えるお金 ＿＿＿＿＿＿＿ 円

こんなことに使います

項目	金額	合計

自分が役立てることを考えてみよう！

家でできる手伝い

＿＿＿＿＿＿＿＿＿＿＿＿＿＿＿　＿＿＿＿＿＿＿＿＿＿＿＿＿＿＿
＿＿＿＿＿＿＿＿＿＿＿＿＿＿＿　＿＿＿＿＿＿＿＿＿＿＿＿＿＿＿
＿＿＿＿＿＿＿＿＿＿＿＿＿＿＿　＿＿＿＿＿＿＿＿＿＿＿＿＿＿＿
＿＿＿＿＿＿＿＿＿＿＿＿＿＿＿　＿＿＿＿＿＿＿＿＿＿＿＿＿＿＿

学校活動で自分ができること

＿＿＿＿＿＿＿＿＿＿＿＿＿＿＿
＿＿＿＿＿＿＿＿＿＿＿＿＿＿＿

地域社会で自分ができること

＿＿＿＿＿＿＿＿＿＿＿＿＿＿＿
＿＿＿＿＿＿＿＿＿＿＿＿＿＿＿

🖊 生活とネット（スマホ）利用時間 (予防)

**日常生活の時間の割り振りを考えてみましょう。
ネットやゲームの時間もきちんと決めておきましょう。**

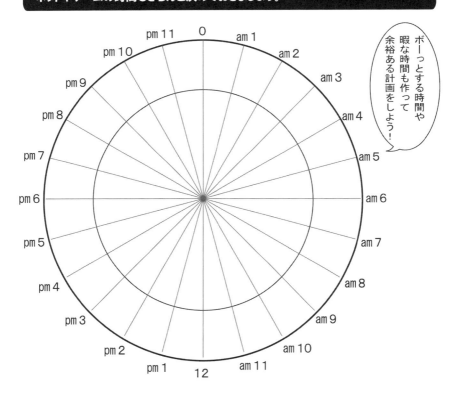

ボーっとする時間や暇な時間も作って余裕ある計画をしよう！

色を決めてグラフを塗ってみよう
- ☐ 学校　　☐ 部活　　☐ 塾
- ☐ ネット（PC）　☐ ネット（スマホ・ゲーム機・音楽プレイヤー　など）
- ☐ 遊び・趣味　☐ お風呂　☐ 食事　☐ 手伝い
- ☐ 勉強　☐ 睡眠　☐ ボーっとする時間　☐ その他

※グラフは中にもうひとつ円があります。内側の円は計画、外側の円は実際の利用時間の記録というようにネットの利用時間の比較に使ってみる事も出来ます。

✏️ ルールを作ろう part1　　　　　　　　　　　　　㊞予防

インターネットを利用する時のルールをみんなで作ろう

家族で守るネットのルール

1. ＿＿＿＿＿＿＿＿＿＿＿＿＿＿＿＿＿＿＿＿＿＿
2. ＿＿＿＿＿＿＿＿＿＿＿＿＿＿＿＿＿＿＿＿＿＿
3. ＿＿＿＿＿＿＿＿＿＿＿＿＿＿＿＿＿＿＿＿＿＿
4. ＿＿＿＿＿＿＿＿＿＿＿＿＿＿＿＿＿＿＿＿＿＿
5. ＿＿＿＿＿＿＿＿＿＿＿＿＿＿＿＿＿＿＿＿＿＿
6. ＿＿＿＿＿＿＿＿＿＿＿＿＿＿＿＿＿＿＿＿＿＿
7. ＿＿＿＿＿＿＿＿＿＿＿＿＿＿＿＿＿＿＿＿＿＿

そのルールを考えた理由

1 ルール ＿＿＿＿＿＿＿＿＿＿＿＿　　5 ルール ＿＿＿＿＿＿＿＿＿＿＿＿
　理由 ＿＿＿＿＿＿＿＿＿＿＿＿＿　　　理由 ＿＿＿＿＿＿＿＿＿＿＿＿＿

2 ルール ＿＿＿＿＿＿＿＿＿＿＿＿　　6 ルール ＿＿＿＿＿＿＿＿＿＿＿＿
　理由 ＿＿＿＿＿＿＿＿＿＿＿＿＿　　　理由 ＿＿＿＿＿＿＿＿＿＿＿＿＿

3 ルール ＿＿＿＿＿＿＿＿＿＿＿＿　　7 ルール ＿＿＿＿＿＿＿＿＿＿＿＿
　理由 ＿＿＿＿＿＿＿＿＿＿＿＿＿　　　理由 ＿＿＿＿＿＿＿＿＿＿＿＿＿

4 ルール ＿＿＿＿＿＿＿＿＿＿＿＿
　理由 ＿＿＿＿＿＿＿＿＿＿＿＿＿

> ルールは「そのルールがどうして必要なのか」どういう理由で作られたのか理解する事が"ルールを守る"ことにつながります。
> ※納得するまでよく話をして作りましょう！

● 第2章　家庭と地域でできる予防と対策

✏️ ルールを作ろう part 2　　　　　　　　　　　　予防

インターネットの利用時間についてルールを作ろう

▶ 平日のルール

勉強に使う場合 ＿＿時間＿＿分使う　＿＿時＿＿分〜＿＿時＿＿分まで

　　　・使う場所は ＿＿＿＿＿＿＿＿＿＿＿＿＿＿＿＿＿

　　　・使う道具は ＿＿＿＿＿＿＿＿＿＿＿＿＿＿＿＿＿

その他の利用　＿＿時間＿＿分使う　＿＿時＿＿分〜＿＿時＿＿分まで

　　　・使う目的は ＿＿＿＿＿＿＿＿＿＿＿＿＿＿＿＿＿

　　　・使う場所は ＿＿＿＿＿＿＿＿＿＿＿＿＿＿＿＿＿

　　　・使う道具は ＿＿＿＿＿＿＿＿＿＿＿＿＿＿＿＿＿

▶ 休日のルール

勉強に使う場合 ＿＿時間＿＿分使う　＿＿時＿＿分〜＿＿時＿＿分まで

　　　・使う場所は ＿＿＿＿＿＿＿＿＿＿＿＿＿＿＿＿＿

　　　・使う道具は ＿＿＿＿＿＿＿＿＿＿＿＿＿＿＿＿＿

その他の利用　＿＿時間＿＿分使う　＿＿時＿＿分〜＿＿時＿＿分まで

　　　・使う目的は ＿＿＿＿＿＿＿＿＿＿＿＿＿＿＿＿＿

　　　・使う場所は ＿＿＿＿＿＿＿＿＿＿＿＿＿＿＿＿＿

　　　・使う道具は ＿＿＿＿＿＿＿＿＿＿＿＿＿＿＿＿＿

ルールを守れなかった時場合

約束を守ります！サイン

- ＿＿＿＿＿＿＿＿＿＿＿＿＿＿＿＿＿＿＿＿＿＿＿＿＿＿＿
- ＿＿＿＿＿＿＿＿＿＿＿＿＿＿＿＿＿＿＿＿＿＿＿＿＿＿＿

（親 大人）
（子ども）

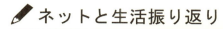 ネットと生活振り返り　　　　　　　　　　　　　　　　　　　予防

インターネットを使い始めた頃と現在の利用の変化を振り返ろう

インターネットを始めた時のこと
　　　　才　　　　年生の時　はじめた理由は　　　　　　　　　
インターネットに接続していた道具　　　　　　　利用していたサイト　　　　　　
利用時間　　　　　　

現在のネット利用は
　　　　才　　　　年生の時　はじめた理由は　　　　　　　　　
インターネットに接続していた道具　　　　　　　利用していたサイト　　　　　　
利用時間　　　　　　

インターネットを使ってから生活や気持ちに変化があったか考えてみよう

学校の友達との関係	A 良くなった	B 悪くなった	C 変わらない
家族との関係	A 良くなった	B 悪くなった	C 変わらない
成績の変化	A 良くなった	B 悪くなった	C 変わらない
気持ちの変化	A 明るくなった	B 落ち込むことが増えた	C 変わらない
睡眠時間	A 増えた	B 減った	C 変わらない
視力の変化	A 良くなった	B 悪くなった	C 変わらない
体調の変化	A 良くなった	B 悪くなった	C 変わらない
心の疲れ	A 疲れなくなった	B 疲れるようになった	C 変わらない
色々なことを考える時間	A 増えた	B 減った	C 変わらない
他への関心	A 増えた	B 減った	C 変わらない
将来への希望	A 明るくなった	B なくなった	C 変わらない

※具体的にどう変化したのか書き出してみよう※

インターネットを始める以前	インターネット利用以後
家族との関係	
友達との関係	
生活リズム (睡眠時間・規則正しさ)	
学校・部活動 生活	
ネット以外に興味があること	

✎ ネット利用カレンダー

一日どれくらいインターネットを利用しているかグラフにしてみよう
またその利用目的や毎日の出来事や気持ちの記録もつけてみよう

年　　月

日付	1	2	3	4	5	6	7	8	9	10	11	12	13	14	15	16	17	18	19	20	21	22	23	24	25	26	27	28	29	30	31
曜日																															
6時間																															
5時間																															
4時間																															
3時間																															
2時間																															
1時間																															
ネットの利用目的																															
日々の記録																															

予め利用時間を決めめて、グラフに線を引いておいて、実際の利用と比較してみたり、
ネット利用時間が「自分のためになっているのか」「無駄な利用」が記録してみるるなど色々工夫してつかってみよう！

第 3 章

学校でできるネットトラブル・ネット依存予防教育

なぜ学校での取り組みが必要か

1、家庭だけの問題と考えないで

　情報モラルやネット依存予防の教育が必要だと思う保護者は多くいます。0歳〜9歳までの保護者を対象にした調査では、「子どもをネット上の犯罪から守る具体的な施策」として親が望むのは、「情報教育・販売されている端末の機能制限・アプリやWebサービスの年齢制限……」となっています。また情報モラル教育を主体になって取り組むべき対象としては「学校・教育機関」との回答が一番多く69.7％となっています。次いで「保護者・家庭」59.1％、「政府」46.2％となっています。

　ネットの問題に取り組むにあたっては、教師や親の側に子どもの使用状況が把握しきれない、ネットに関する知識が少ない、帰宅後の友達とのトラブルが多いなど、様々な困難があるでしょう。家庭に絡む問題に学校がどこまで踏み込んでいいのか難しい面もあるでしょう。他にも様々な家庭教育が学校に持ち込まれ、手一杯です。それだけに、本来ネットの問題は保護者、学校、地域、行政、企業が連携を取り合って取り組まなければなりません。

　ネット依存もトラブルも、ネットに関して知識・関心の低い家庭や子どもの教育そのものに関心のない家庭が陥る可能性が高く、そうした家庭の子どもにも誰かが指導する必要があります。子どもたちが公平に知識をもち、問題を友達と共有して考えるためにも、学校の取り組みは必要です。

　さらに考えなくてはならないことに、実はネットに依存する保護者も少なくないと言うことです（ネット依存の大人の数は2013年の調査では約421万人）。家庭訪問に行った先で待たされた挙句に出てきた母親に「今ゲ

ーム中だから少し待って」と言われた先生もいます。わが子をそっちのけにネットの中で知り合った子どもたちの悩み相談にのることに夢中になる母親の話を聞くと、家庭だけに対応を任せることは、ネグレクトの被害にあう可能性があり危険です。一方で、まったくネットに関心のない親、ネットやスマホが分からず子ども任せにしている家庭、自分がネットやスマホやゲーム機が嫌いで子どもに向き合うことを避ける保護者もいます。給食費を払えなかったり生活保護を受けている家庭の子どもでも、スマートフォンやゲーム機を与えているという場合もあります。こうした様々な家庭環境や親子関係を考えると、家庭だけに任せておけない問題だと思えるのではないでしょうか。ネット社会を築いた大人としては、全ての人が子どものためにネットの利用のあり方について考える必要があります。

コラム

小学生は純粋・順応？

　小学生は勉強や経験を積んでいく時期、いわば心身ともに成長の途中です。たくさんのことを吸収していくそんな大事な時期に、ネットからの情報で善悪の判断や一般常識から外れた考えを持つ子もいます。ある小学校では、Youtubeにアップされた犯罪動画を模倣し問題になり、教師から指導を受けている際に、「ネットで大人がやっていることだしみんなが見ていることなのに、なぜ僕がやると犯罪なの？」と先生に純粋に質問してきたそうです。大人がやっていること、ネットに流れていることが犯罪だと疑うほどの社会なれや常識は、まだ身についていないのです。またある小学校で出会った女の子は、「私"腐女子"なの。ボーイズラブ大好きで自分でも男になってブログを書いているの」と自分のブログを見せてくれました。現実と違うネットの世界をすんなりと受け入れるその姿には、危険を感じざるを得ません。

2、学校・保護者の両方からサポート

　最近では、「学校でインターネットやスマートフォンに関するルールを作ってほしい」という保護者からの強い要望で、学校でのルールつくりに取り組もうという学校も出てきました。私学などでは学校があらかじめガイドラインを作り、トラブル予防に取り組むところもあります。ソーシャルメディアの利用についてとても素晴らしいガイドラインがありますので、次頁に一部を紹介します。

　また、ネット問題が与える子どもへの悪影響に関して、意識の高い保護者の間では、PTAが主体となって学校に講師を呼んでネットの勉強会を開いているところもあります。学校と保護者が協力しあう体制づくりも今後ますます必要となるでしょう。ネット依存・ネットトラブルに関する三者面談のための資料を104頁に紹介します。

3、学校でできること、すべきこと

●踏み込んだ授業を
　ほとんどの子どもたちはネット、スマホに関心を持っています。それだけに、スマホやネットをテーマにした授業は子どもたちにとって魅力的なものにすることもできます。大人がネットの危険性を植えつけるのではなく、「基本の善悪」「マナー」をしっかりと教えサポートしながら、自分でネットのリスクを考えたり実感することで、子どもたちへの自覚は高まります。
　講座でネットの危険性について話す機会が多くありますが、講座後のアンケートでは、危険性や使い方についてもっと知りたい、話を聞きたいという児童・生徒の声が多くあります。子どもたちも、自分が何も知らずに使っ

■ 聖心女子大学におけるソーシャルメディア扱いのガイドライン

ソーシャルメディアとは、インターネットにアクセス可能で、情報交換が可能なあらゆる情報手段のことを指します。具体的には、Web ページ、その応用としてのブログ、プロフ、Wiki など。SNS に利用できる mixi 、Facebcok など。Twitter とその連携ソフト、情報投稿サイトである YouTube、ニコニコ動画など、を総称します。

今やソーシャルメディアはその利便性と浸透によって、とても魅力的なコミュニケーションの手段となりました。しかし、これらは、扱いを間違えると予期せぬ困った結果を起こします。皆さんが早めに問題に気付き、トラブルに巻き込まれないようにするために、このガイドラインは作成されました。

1. <u>ソーシャルメディアの利用における情報の扱い</u>
2. <u>ソーシャルメディアにおける安全性とプライバシーの保護について</u>
3. <u>大学名を明示してインターネット上に発信する場合の注意事項・遵守事項</u>

■ ソーシャルメディアの利用における情報の扱い

ソーシャルメディアでは、「友達設定」「リンク設定」「フォロー」など、他者による招待から付きあいが始まる場合が多くあります。そのような誘いがあった場合、それを安易に受け入れる前に、その利用がどのような結果を生み出すか、好ましい結果や失敗の事例などを良く知り、慎重に対応する必要があります。以下のガイドラインをよく読み、対応について十分理解したうえで利用するようにしてください。

- **貢献できる参加者になる**
  もしあなたがソーシャルメディアに参加するならば、良識ある態度で参加するとともに、そのメディアに対して貢献できるよう心がけてください。議論を乗っ取り、自分や自分の所属する組織の宣伝に関する情報を投稿することで、議論の方向を転換してはいけません。自分を宣伝する行為は読み手からネガティブに受け取られ、Web サイトやグループから追放されることもあります。

- **よく考えてから投稿する**
  「プライベート」なソーシャルメディアサイトなどというものは存在しません。投稿がなされた日からずっと後になっても、検索サイトはあなたの Web 上での発言や投稿した写真を探し当てることができます。コメントは転送される可能性もありますし、コピーされる場合もあります。あなたが発言を削除した後でも、アーカイブシステム（履歴システム）は情報を保持し続けます。ある特定の話題に対して気分を害したり、怒りを覚えたりした場合、その話題について冷静に考えられるようになるまで投稿するのを控えましょう。一時の感情で発言するのは大変危険です。一般的な公の場（すなわち、今もしくは将来の仲間）に対して、快く共有できるような情報だけを投稿するようにしましょう。

https://www.u-sacred-heart.ac.jp/life/files/socialmedia.pdf

◆ 保護者会参考資料（A中学・高校）◆

3者面談用資料

生徒指導部

携帯電話・インターネットをめぐるトラブル防止に注意

ア　携帯・PC等の使用は夜10：00まで（中学生は夜9：00まで）

イ　フィルタリングサービスは義務

出会い系の画面など子供にふさわしくない内容は、携帯電話会社の設定で表示させないサービスがあります。まだ申し込んでない家庭は、必ず設定するようお願いします。

ウ　SNS・メール等のマナーを守らせる。

緊急事態でない限りは、早朝や深夜のLINE・メールなどは相手に迷惑となりますので、夜10：00〜、朝6：00（中学生は夜9：00〜）は使わせないようにお願いします。

また、学習時間中に携帯電話を置く場所を決め、それを徹底させることで勉強に集中できる環境を作ってください。そして必要に応じてマナーモードにする・電源を切るなどを心掛けさせることで普段なかなか時間を取れない家族との会話を増やしてください。

エ　個人情報を守るという考えを持たせる。

自由に、自分の思いを気軽に書けるのがツイッター・ブログの大きな魅力ですが、最低限のルールは守らなければいけません。

他人に迷惑を掛けたり、傷つけたりするようなことは書かないというのが、ツイッター・ブログ作成の前提でありますが、他人の誹謗中傷等の書き込みは、読んでいる人も不快な気分になりますし、書かれた当人が読めば、深く傷つくのは当然ですから、考えて書き込みをしましょう。

また、自分の不利益になるような情報も、記事にしない方がよいでしょう。ツイッター・ブログの記事や画像から自分の位置情報が分かってしまったり、自宅・学校の場所が特定されてしまったりして、ストーカーに付きまとわれるというような事件も実際に起こっています。LINE IDを載せることは絶対にしないでください。個人情報が知られてしまう内容は避けるということを今一度ご家庭でも徹底してください。

携帯電話やLINEには暗証番号(パスコード)を設定するなどして、自分自身の個人情報の保護に努めるよう併せてご指導をお願いします。

オ　料金を自分で管理させる。

携帯電話の基本使用料金・通話料・パケット料金・有料コンテンツ利用料などの料金がどれぐらいかかっているのか、親子できちんと確認をしておいてください。

◆生徒の健全育成は、学校と家庭の連携から

お子様のことでお困りの事がございましたら、どんな些細な事でも結構ですので担任の先生にご相談ください。保護者から事前にご相談されたことにつきましては、本人に不利にならないよう配慮しますので安心してご相談ください。

て危険な目に遭うことは避けたいのです。

　小学校高学年、中学生くらいですと、児童生徒は親や先生からネットについての一通りの知識を教えられています。しかし、個人情報の掲載や誹謗中傷はしてはいけないことを分かっていてもついやってしまう、自分は大丈夫という錯覚に陥ることなどが目立ちます。それだけに、どのように子どもたちに関心を持ってもらうかということが課題になります。

　情報モラルというと、外部講師や警察の人を呼んでのセーフティ教室や、ビデオやDVDを見せることが多いようです。しかし、学校が主体になって、ときに地域の人や保護者を交えて、子どもたちの考えをサポートしながら行う踏み込んだ授業ができると子どもも親も身近な問題と感じることができ、具体的な対策も考えやすくなります。

　また依存については、情報モラル、ルールを教えるだけでなく、自己肯定感や自己有用感を高めること、自分の将来について考えること、他人への思いやりを持つこと、安心できる家庭を築くことなど、生活や精神面の向上が必要なため、情報モラル授業だけでなく他の教科でも応用していくことが可能です。

●中学校での授業

　東京都の中学校で1、2年生を対象に行った情報に関する授業を実施しました。テーマは「知ることが護身術─情報発信・情報受信」で、パワーポイントをテレビに映しての授業でした。導入に「富士山噴火を予知するHP」と「実際にあった鳩山由紀夫の偽ツイッターの画像」を使用しました。（富士山噴火予知のHPはあらかじめニセのHPを用意）

　ツイッターやHP動画などは子どもたちの関心の高いところです。ツイッターを普段から利用している子は積極的に発言し、使ったことのない子は一生懸命に発言を聞いたりする姿が目立ちました。

　鳩山由紀夫の偽ツイッターでは、偽物のツイッターであることを伏せ、こ

のツイッターがが本物かどうかということをそれぞれ考えてもらうことから始めました。富士山に関するHPには間違い探しのように真偽が疑わしい個所を複数作っておき、それを探すというゲーム感覚で行いました。

　少しの時間個々に考え発表をしてもらったのですが、ツイッターが本物だと思う子はそのフォロワー数に注目し、偽物だと考える子はニュースになってからフォロワーが増えたのだという意見を言うなど、活発に意見を言い合う姿が印象的でした。自分たちが普段目にするツイッターにも偽物があることや、その見分け方などを考えることができた授業でした。

●いろいろな部会での取り組み

　学校で取り組む場合、どの教科の時間で扱うのか、担当教師は誰なのか、またしっかりとした教育システムを作る場合どうすればいいのかなど、各先生方が問題を感じていて、その扱いに困ることも多いようです。

　新たに部門を作成するより、既存の部会で情報モラルや依存予防という問題を要素の一つに加えるというほうが、なじみやすいかもしれません。心身の健康という面であれば、睡眠障害、生活リズム、依存などがインターネットと関連付けて取り組めます。学校保健委員会で取り組むことを検討してみてもよいでしょう。学校内にすでにある委員会で何か取り組めないか、検討してみてもいいと思います。新しく取り組む場合はハードルが高く、時間もかかることを考えるとそのほうが取り組みやすいでしょう。

●学校内での企画例

学校でどんな企画が考えられるか考えてみます。
・学校内でネットの利用に関するアンケートをとり生徒のネット利用状況を知り、生徒が考えるデータや指導に活用する
（アンケート内容：利用時間・利用時間帯・利用目的・依存傾向・使用が多いコンテンツなど）

- ネット依存に関する啓発動画を見る
  例えば、埼玉県県民生活部青少年課「そのつながり大丈夫？　ちょっとが危険の始まり」など。
  https://www.pref.saitama.lg.jp/a0307/filtering/dvd.html
- 生徒会を中心にネット依存の問題に取り組む
- 生徒が作る学校新聞で学内や保護者にネット依存のサインや危険性・予防を広報する
- 授業内でネット依存に関するテーマを設ける
- 保健室の保健便りで生徒や保護者にネット依存の危険性を啓発する
- 生徒が依存傾向にないか依存のサインを見分ける勉強会をする
- 生徒が安心してネットに関する相談ができる居場所を作る
- 学校内の委員会で応用できるか検討
- 保護者の作る広報誌などで依存予防をテーマにする
- 学校でネット利用に関するマニュアルを作成する
- 英語のスピーチや他の教科のレポートなどに「ネット依存」を設定する
- 高学年が低学年に経験談を話したり、ネットの利用をプレゼンテーションする

次からは、小学校、中学校、高校での実際の取り組みを紹介しましょう。

小学校での取り組みから

1、東京都H小学校の取り組み（2005年）

　小学校でもインターネットを使った授業がすでに始まっていたことから早期にインターネットについて学習する学校もありました。次に紹介するのは東京のH小学校の取り組みです。土曜日を使い13回にわたって親子参加型の「子どもインターネット教室」を開催しました。使い方だけでなくその危険性も学ぶ必要性を感じた校長先生の協力の下、実施されました。参加した親子は、インターネットをよく使う人からあまり使ったことのない人まで様々でした。当時の子どもたちの中には現在20歳を超えた人もいますが、ネットトラブルや依存の心配もなく使いこなしています。早期にインターネットの仕組みや危険を学ぶことで予防的な効果があったと思います。

　対象　　：小学校3～6年生の希望する生徒（保護者と一緒）
　内容　　：インターネットの基本からルールつくりまでを勉強
　所用時間：1時間（準備時間を除く）
　場所　　：パソコンルーム　PC20台
　参加者　：希望する親子　20～30人
　スタッフ：外部講師・保護者からお手伝いを募集、4～5人（高い技術は
　　　　　　不要）

●プログラムの内容
　次頁から授業内容を紹介します。テキストはオリジナルのものを作成しました。

子ども インターネット 教室

みんなの身近にあるインターネット。
便利だっていうことはよくわかるけどい
ろいろな事件やトラブルもおきてるよね。

『子どもインターネット教室』ではインターネット社会の歩き方を勉強したり、みんなで考える教室なんだ。
教室で勉強したことをおうちでも家族のみんなと一緒に考えてみよう。
インターネットに詳しくなって、みんなで一緒にインターネット博士になろう！

なんでだろう？
トラブルに巻き込まれない方法は
あるのかな？

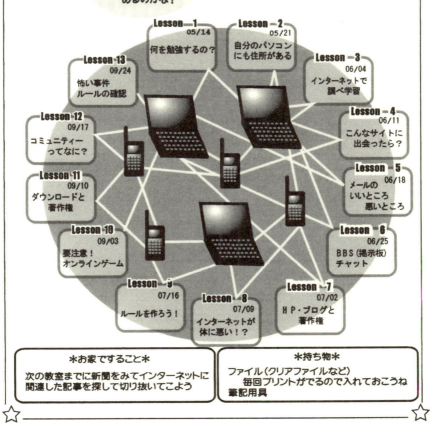

- Lesson-1 05/14 何を勉強するの？
- Lesson-2 05/21 自分のパソコンにも住所がある
- Lesson-3 06/04 インターネットで調べ学習
- Lesson-4 06/11 こんなサイトに出会ったら？
- Lesson-5 06/18 メールのいいところ悪いところ
- Lesson-6 06/25 BBS（掲示板）チャット
- Lesson-7 07/02 HP・ブログと著作権
- Lesson-8 07/09 インターネットが体に悪い！？
- Lesson-9 07/16 ルールを作ろう！
- Lesson-10 09/03 要注意！オンラインゲーム
- Lesson-11 09/10 ダウンロードと著作権
- Lesson-12 09/17 コミュニティーってなに？
- Lesson-13 09/24 怖い事件ルールの確認

＊お家ですること＊
次の教室までに新聞をみてインターネットに関連した記事を探して切り抜いてこよう

＊持ち物＊
ファイル（クリアファイルなど）
毎回プリントがでるので入れておこうね
筆記用具

● 第3章 学校でできるネットトラブル・ネット依存予防教育

LESSON 1	顔合わせ・全体の講座内容の説明・諸注意	
LESSON 2	インターネットってなに？ 携帯電話もインターネット インターネットは誰がつかっているの？ 自分のパソコンにも住所がある？ インターネットで何ができるの？ いいところ・わるいところ	基本
LESSON 3	インターネットで調べもの 検索サイトはどこをつかったらいいの？ 多すぎる情報、迷子にならないでね この情報はただしい？ しらべたものはどうする？ 著作権	情報受信
LESSON 4	こんなサイトに出会ったらどうしよう 懸賞が当たります！・世にも恐ろしいページです・大人のサイト 個人情報ってなんだろう？ 友達の、メールアドレスを人に教えちゃった？	
LESSON 5	メール編 メールって手紙と違う？ メールのいいところと悪いところ こんなメールがきたら君ならどうする？ メールの種類	コミュニケーション
LESSON 6	掲示板（BBS） チャットってなに？ 掲示板ってなに？ チャットの相手はだあれ？ 掲示板を利用して 相手の気持ち、自分の気持ち	
LESSON 7	自分でHPを作れるの？ HPってなに？ブログってなに？ HPにのせていいこと、悪いこと 著作権 HPを作るときに気を付けること	情報発信

LESSON 8	インターネットっていいことばかりじゃない インターネットが体に悪いって？ インターネット依存症（中毒）って？ いろいろな依存症　メール・掲示板・ゲーム	心身への影響
LESSON 9	今まで勉強したことからルールを作ってみよう インターネットを使うときにはどんなことに気を付けたらいい？ インターネットを使うときの決まりを考えよう	ルール
◆◆◆　夏休み　◆◆◆		
LESSON１０	要注意！ダウンロード ダウンロードってなに？ オンラインゲームどんなことに気をつけないとならない？	利用と注意
LESSON１１	その他 音楽をダウンロード・友達にもあげたい 著作権 ネットショッピング	
LESSON１２	コミュニティってどんなところ？ 誰がいるの？ なにしてるの？ あなたが知り合った人はどんな人？ 気の合う友達ばかりじゃない、悪い人もいると思って 友達の皮をかぶったオオカミ	コミュニケーション
LESSON１３	インターネットはおうちの人と一緒に使おう 困ったことがあったら誰に相談する？ ネットではどんなトラブルがあるかわからない 怖い事件どうすれば防げる？ ルールの確認をしてみよう	ルール

夏休みに入る前に子どもたち自身でインターネットをつかうときのルールを考えました。学習をしたことで、子どもたちからは大人が考えるのと同じ内容のルールがたくさんあがり14のルールにまとめました。

●子どもたちがまとめた14のルール

夏休みに入る前に、「子どもインターネット教室」に参加した子どもたち自身がインターネットを使うときのルールを考えました。それまで学習したことを基に、子どもたちが自分たちの考えるルールを発表し、次の14のルールにまとまりました。

インターネットを使うときのルール

1．インターネットを始める前にお父さん・お母さんとルールを決めてやる
2．インターネットをするときはお父さん・お母さんと一緒にする
3．ネットで会った人には、個人情報は教えない
4．困ったことがおこった時には必ず大人（おうちの人や先生）に相談する
5．インターネットは1時間以内にしよう（目がつかれたら休む・中毒にならない）
6．インターネットで知り合った人とは会わないようにする
7．こわいサイトや変なサイトを開いてしまったら大人を呼ぶ
8．掲示板にお友達の悪口などを書き込まない
9．最初に調べたいものをはっきり決めてから検索する
10．子ども用検索サイトを使う
11．その情報が正しいかどうか他の方法でも判断する
12．インターネットで調べたことはメモにとる
13．自分がやっていることがいいことかどうか判断する力をつけるようにする
14．チェーンメールは誰にも送らない

●PTAの広報誌でも紹介

　「子どもインターネット教室」に参加していない保護者にも、ネットの利用やルール作りに関心を持ってもらえるように、PTA役員の企画にも協力してもらい、PTAが作る広報誌に「子どもインターネット教室」の内容や子どもたちが作ったルールを掲載しました。家庭でも学校でもコピーして使えるワークシートは「ニュースをゲット！」というもの（次頁）。毎回、新聞記事からネットに関するものを切り抜き、「ニュースのキーワード・わからない言葉・自分が感じたこと・ニュースについて家族で話した内容」などを書き出し、親子でインターネットについて関心を持ち勉強するのに役立つようにしました。学校では、それぞれが内容を発表し合いました。

●ワークシート「目的のものを調べるために気を付けること」

　この学習は、「検索は目的を明確にしてからすること」「ネット上の膨大な情報から正確な情報の取捨選択をする力をつけること」「関係ない情報を見てしまう"検索迷子"にならない」「時間を意識して調べものをすること」などの内容です。どのように検索すれば的確に短時間で欲しい情報を手に入れることができるかを親子で考えたり、授業では「かしこい検索の仕方」についても考えました。（115頁のワークシート）

●ワークシート「インターネットで何を検索する」

　インターネットでは目的を持って利用することが大切です。目的を持って調べ始めても、他に面白そうなことがあると目的からそれてしまい、時間をムダにしてしまうことがあります。本当は何を調べるつもりだったかを確認しながら進めることを学びます。（116頁のワークシート）

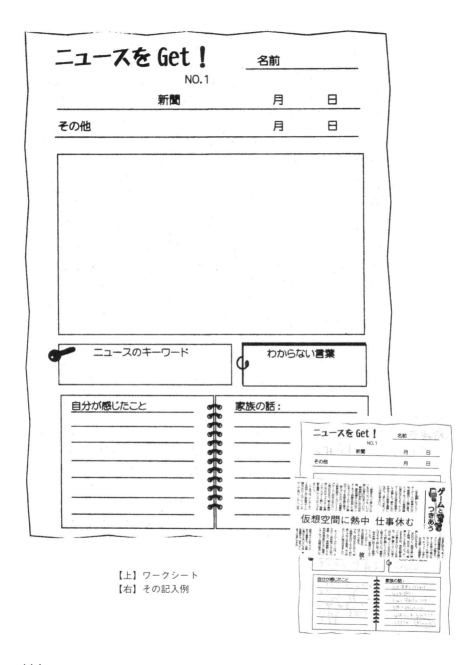

【上】ワークシート
【右】その記入例

ワークシート

名前 ＿＿＿＿＿＿＿＿＿＿＿＿＿＿＿＿

『目的のものを調べるために気をつけることは？』

1. **何を調べるのか『目的』をはっきりさせてから調べよう。**
   インターネットを使って何を調べたいのかはじめにノートなどに書きましょう。
2. **調べていることに関係しているページなのか常に意識しよう。**
   インターネットにはたくさんの情報があります。調べていることに関係なくてもみんなが興味を持つサイトや広告がたくさんあります。いろいろな情報のなかで迷子にならないように気をつけましょう。
3. **その情報が正しい情報なのかどうか確認しよう。**
   1つのサイトだけで調べないで、いくつかのサイトをみてみよう
   本で調べる、知っている人に聞いてみるなど、他の方法でも調べてみよう。

今日は『　　　　　　　　　　』について調べてみよう

☆調べたことはこの紙の裏に書いてね

1. 『　　　　』についてどんな事が知りたいのか書いてみよう。（情報の整理）

　・　　　　　　　　　　　・

　・　　　　　　　　　　　・

2. 文章ではなく単語で調べる。具体的なことばを考えてみよう。

　・　　　　　　　　　　　・

　・　　　　　　　　　　　・

4. 自分が思ったように調べられたかな？
   　A 調べられた。
   　B 調べられなかった。

● 第3章　学校でできるネットトラブル・ネット依存予防教育

ワークシート

月　　　日

名前

インターネットで何を検索する？（調べる？）
_____
_____
_____
_____

しらべる時間　　　　　分

おもしろいと思ったページ
_____
_____
_____
_____

そのページは何を調べようとして見つかったのか？
_____
_____
_____
_____

実際に調べるのにかかった時間　　　　　分

●ルールを5つ考えよう

　宿題として、家に帰って「ルールを5つ考える」ことを提案しました。親子が一緒に考えることで、親と話す機会も作ることができました。(下のワークシート)

●ワークシート「めだかの飼い方」

　インターネットを使ってみんなで同じテーマで調べます。その一つとして「めだかの飼い方」をテーマにして考えました。(次頁のワークシート)

　キーワードを変えながら表示されるページを見ていきます。キーワードを変えることで表示される内容が異なることを知ることができます。そこから、ネットで調べた情報が正確かどうかの確認方法を各自が考えます。

　授業では、それを発表して正しい情報の見つけ方を考えました。

調べたこと _____

_____

_____

_____

_____

_____

来週はインターネットを使うときのルールをみんなで作ります。
おうちでも考えてきてね。
ルール1
ルール2
ルール3
ルール4
ルール5

ワークシート　名前

○「めだかの飼い方」について調べてみよう

☆調べたことはこの紙の裏に書いてね

1. 「めだか　飼い方」で検索してみよう
どんなページが出てきたかな？

-
-
-
-
-
-

(＊他のキーワードで調べた人は紙のうらにキーワードとでてきたページを書いてみよう)

2. 自分が開いて見たサイトを記録してみよう。

-
-
-
-

3. 「めだかの飼い方」についてしらべられたかな？
　　　A 調べられた。
　　　B 調べられなかった。

4. 調べられなかったひとはどうしてしらべられなかったんだろう？

-
-

5. 目的のものを調べるために気をつけることは？

-
-
-

●オンラインゲームについて

　子どもたちに浸透しているオンラインゲームでは、依存や課金、出会いなどの問題が起きています。これについて子ども自身が考えるとともに家の人にも次のような内容で資料を配布しました。
　・オンラインゲームとは
　・家庭用ゲーム機との違い
　・オンラインゲームの問題
　・トラブルをさけるために
　・インターネットの問題点と心構え

「親が一緒にはじめましょう」「うちの子はもう一人で大丈夫と思うまで、子ども一人で使わせないようにしましょう」「もし親がついていてあげられないなら、子どもにインターネットをさせない決断も必要です」といったコメントがついています。

　　　＊　＊　＊　＊　＊　＊　＊　＊　＊　＊　＊

　この小学校で「インターネット教室」を実施したのは今から９年も前のことです。当時の子どもたちは今大学生になっています。この教室に参加した人は、一方的な講座ではなく、実際インターネットを利用しながら自分たちで考え、まとめ、発表をしたことは今でも記憶に残っていると語っています。教室終了後もネットについて家庭で親子で話すとき、肩に力を入れることなく話題にすることができています。ネットを単に恐れたり、怖がらせるのではなく、ネットの特性や事件性、トラブル、依存などのリスクも理解して使用すること、インターネットの活用について親子で会話をしながら一緒に導入していくことが効果的と分かる授業でした。

2、教員向けの体験型情報モラル授業

　H小学校では、「教員向けの体験型情報モラル授業」も実施しました。チャットを教職員全員で体験し、チャットが依存しやすいこと、またどのようにはまっていくのかなどネット依存に陥りやすい状況や気持ちを体験し、その危険性を先生方で共有しました。もちろんPCは苦手、インターネットもしないという先生方も全員参加で体験しました。

・場所は学校のパソコン室
・サーバーに専用のチャットルームを設置
・一人1台のPCを使用
・それぞれHN（ハンドルネーム）を考えチャットルームにアクセス
・実際とは違う職業になるよう、あらかじめ用意した複数の紙を引いてもらいその職業を演じる
・10分間自由にチャット
　※先生には内緒で実際は20分間とりました。

●授業終了後の感想

　授業が終了した後、参加者した先生方に感想をうかがいました。ほとんどの先生が、「あっという間だった」「もう終わっちゃったの？」「楽しかった」といった感想でした。さらに、実際は予定の時間の倍チャットをしていたことを告げると、「あっという間で時間の感覚がなかった」「数分しか話してなかった気がする」といった声があがりました。

　HN（ハンドルネーム）"ハンサムイケメン"の人が実は校長先生だと分かり、ハンサムイケメンと盛り上がっていた先生から「分からなかった～」と笑いが起こったり、パソコンは苦手だと思ったけど以外に楽しいものだと知った、などの意見もありました。

子どものネット利用を大人も体験しながら、その楽しさや引き込まれる気持ちに共感することができたと思います。また知らない人との会話が楽しく気付かぬうちに引き込まれてしまい時間を失うことも体験し、子どもがインターネットをきちんと理解せずに使うことがいかに危ういかも体験できました。この中で得た「気持ち」を活かしてネット利用の指導を行うなら、子どもたちにも受け入れられるのではないでしょうか。

3、横浜市立瀬ケ崎小学校の取り組み

　横浜市立瀬ケ崎小学校では、5年生6年生対象の情報モラル授業で子どもたちにネット依存の問題を考えてもらいました（2014年3月）。
　講座の内容は「情報発信」と「ネット（スマホ）依存」です。
・外部講師からネットのメリットデメリットや安易なネット利用の危険についての講座
・ネット依存の実際の相談事例に対し、子どもたちがアドバイスを考える
・先生がまとめる
目的は次のとおりです。
・ネット依存の問題点に気づき依存が身近なことと感じる
・自分以外の友達の考えや気持ちに気付く
・ネット依存の問題をみんなで共有する
授業の中では、次のような実際の相談事例を考えてもらいました。
・男の子からの相談例（ゲームにはまっている）
　　ゲームが面白くてやめられません。お母さんにやめるように言われてもやめられなくていつもケンカをしています。
・女の子からの相談例（SNSにはまっている）
　　毎日、夜遅くまで友達とメールをしたりして、眠る時間がいつも夜中に

なってしまいます。勉強をしているときもネットのことが気になってしまいます。

授業は、一人で考えてノートに書く → グループで考える → 手をあげて発表し意見を交換する、という手順で進められました。

●子どもたちからあがった対策案
・ゲームにはまっているという相談例について
　「親にゲーム機を預ける」「ゲーム以外の趣味を見つける」などの具体例の他、「最近顔色悪いけど、ゲームやりすぎかな？　お母さん心配しているよ、と声をかけてあげる」といった意見や、「毎日外で遊ぶように呼びかける」など、友達・家族の気持ちを思いやるようなアドバイスが次々にあがりました。
・SNSにはまっているという相談例について
　「顔をみて話すほうが楽しいよ」「続きは明日学校で話そうと言う」「自分から断る勇気を持つ」「初めに友達と時間を決めてからやる」「テーマを決めてその話が終わったらやめるというルールを作る」など、友達と一緒に問題解決をする方法や自分でコントロールする気持ちを持つことなどがあげられました。

活発に手をあげて答える児童たちの様子から、子どもたちが同じ問題について考え、意見交換することの大切さを読み取ることができました。また、ネット依存の問題は個人だけの問題ではなく、家族や友達にも影響する問題であること、大人になってまで続く問題であることなど、小学校高学年で十分に考えることができる問題なのだと感じました。

先生方はさらに深く問題を考えられるように、児童の答えにさらに質問をするなど、上手にサポートをされていました。

▶ **ゲームがやめられない**

ゲームが面白くてやめられません。お母さんにやめるように言われても、止められなくていつもケンカをしてしまいます。

最近はイライラすることも多くなりました。

▶ **友達とのおしゃべりがやめられない**

毎日、夜おそくまで、友達とメールをしたりして眠る時間がいつも夜中になってしまいます。

勉強しているときもネットのことがきになってしまいます。

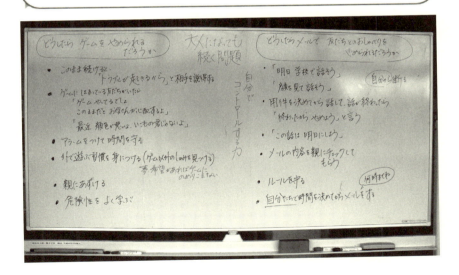

【上】児童から出された例
【下】授業での先生の板書

● 第3章　学校でできるネットトラブル・ネット依存予防教育

3 中学校での取り組みから

1、横浜市立今宿中学校の取り組み

　横浜市立今宿中学校では養護教諭が中心になって取り組みが行われています。学校の保健委員が生徒のネット利用と依存傾向を調査してきました。2013年には「知ることが護身術〜ネット依存〜」というテーマで講座を行い、この時は埼玉県が作成したDVDを利用しました。2014年には講座とワークショップを行いました。
　ここでは、2014年に行った講座の内容を紹介します。

導入　学校保健委員によるアンケート調査の発表
講座　「ネット依存について」
養護の先生から　ワークショップの内容、ワークショップの注意点
ワークショップ　生徒、保護者
準備
・学校内で事前アンケートをとりパワーポイントにまとめる（生徒）
・ワークシート・付箋貼り付けシート・まとめシートの用意
・模造紙・ホワイトボード
・1〜3年の混合グループを決めておく
授業後
・保健便りにまとめて配布
・学校の廊下に調べたことやまとめなどを貼り出し、生徒や来校する保護者が読めるようにする

生徒の考えるシート

| ネットの利用で気になる使い方になるのはどんなとき？ |

○ _____
○ _____
○ _____
○ _____
○ _____

| ネットの利用をコントロールする方法 |

●自分でできる方法

1 _____
2 _____
3 _____
4 _____
5 _____

●友達やクラスメートと守るルール

1 _____
2 _____
3 _____
4 _____
5 _____

●家族に〇〇を協力してもらう

○ _____
○ _____
○ _____
○ _____
○ _____

ふせんを張り付ける模造紙

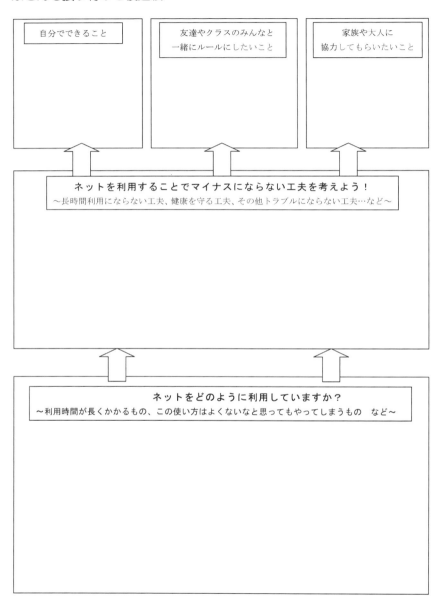

以下、使用したパワーポイントから

ネット依存を予防しよう
～健康的なスマホの利用～

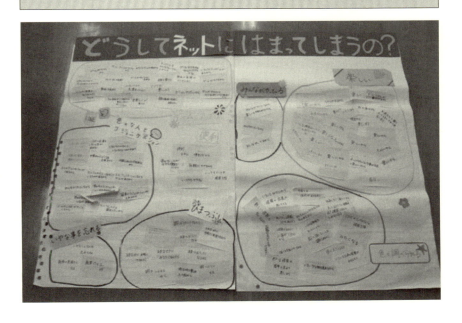

どうしてネットにはまってしまうの？

- 色々な人とコミュニケーションがとれる
- 色々調べられる
- 便利
- 楽しい
- 暇つぶし
- 色々な人とコミュニケーションがとれる
- 嫌なことが忘れられる
- ゲームやアプリ
- みんながやっている

ネット利用のデメリット
〜気になること、不安に思うこと、問題だなとおもうこと〜

ネット利用のデメリット
～気になること、不安に思うこと、問題だなとおもうこと～

- 視力低下
- 睡眠不足
- 体調不良
- 人との会話が少なくなる
- ひとづきあいが苦手になる
- 時間を忘れる
- LINEなどを続けないと不安になる
- ゲームがやめられない
- 勉強しなくなる
- 自分で考えなくなる
- 依存してしまう
  （スマホがないとやっていけない）

- いじめにつながる
- ケンカになる
- お金がかかる
- 本当の情報がわからない
- 知らない人とつながる危険性
- 個人情報の流出の危険性
- 大変なこと危険なことにつながる
- ウィルス、迷惑メール、その他

ネットには、はまってしまうほど夢中になりやすい色々があった。
それと同じくらい、いやそれ以上に問題点なることがたくさんあった。
利用時間が長いほどネットにはまりやすく、依存しやすくなる。
ネット依存の先には様々なトラブルにつながることが・・・・・

ネット依存を予防するには‥
ワークショップを通して考えよう！

ワークショップ

1. ネットをどのように利用していますか？

2. ネット依存を予防するために、ネットを利用することでマイナスにならない工夫を考えよう！

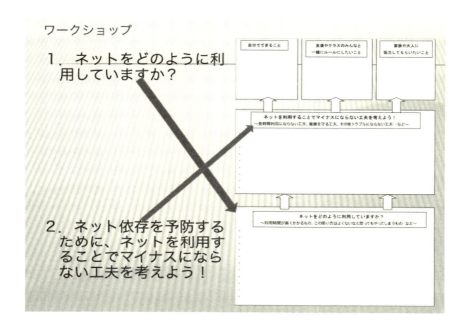

グループでの話し合いのルール
ブレインストーミングの方法で話しあおう
（頭の中に嵐を起こしていろんな考えを引きだそう！）

① グループ内での話し合いは<u>みんな平等</u>です。
② ほかの人が言った意見に対して「<u>ダメ</u>」とか「<u>おかしい</u>」など"批判"してはいけません。
③ 疑問、質問はどんどん出しましょう。
④ ほかの人の意見が「<u>いいな</u>」と感じたら、<u>さらに意見を付け加えて発言</u>しましょう。
⑤ いろいろな角度から見て、<u>できるだけたくさんのアイディアを出し</u>ましょう。

「保健室だより」から

保健室だより

2014. 10. 14
今宿中保健室

学校保健委員会報告 **ネット依存を予防しよう〜健康的なスマホの利用〜**

　9月25日に学校保健委員会が開催されました。昨年に引き続きネット依存をとりあげ、健康に気をつけてネットを利用するためにはどうしたらよいか話し合いました。

ネット利用についてのアンケート結果報告より

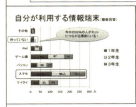
自分が利用する情報端末（複数回答）

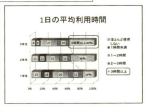
1日の平均利用時間

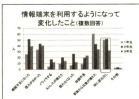
情報端末を利用するようになって変化したこと（複数回答）

- 今宿中学校の約95％の生徒が、ネットにつながる情報端末を持っている。
- 1日の平均利用時間では、
　学年が上がるほど利用時間が長くなり、3年生の40％の人が3時間以上利用している。また、
　2、3年生は去年と比べて、3時間以上利用している人が倍近く増えている。
- 情報端末を利用するようになって変化したことでは、
　1、2年生は、約33％、3年生は25％の人が、特に変化がないと回答。
　どの学年も、睡眠不足、視力低下が目立っている。
　1年生の約半数近くは、家族からの注意が増えたと回答。
　2年生はどの項目も、他の学年よりも目立って多くの項目で変化したとの回答。

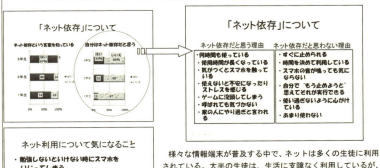

ネット利用について気になること
- 勉強しないといけない時にスマホをいじってしまう。
　どうしたら止められるか？
- 視力が落ちていて、どうしたらよいか？
- LINEを18禁にしてほしい。
- このまま使っていると依存が心配
- 気づいていないだけで依存が心配
- ネットウィルス（ラインウィルス）が心配

　様々な情報端末が普及する中で、ネットは多くの生徒に利用されている。大半の生徒は、生活に支障なく利用しているが、視力低下、睡眠不足といった体への影響や、利用時間が長くなり、依存傾向になっていることを心配する回答もあげられてい

ネット依存を予防しよう！　～講演、ワークショップを通して～

　　　　　　　　　　　　　　　講師：情報教育アドバイザー　遠藤　美季先生

　遠藤先生より「ネット依存について」ご講演いただきました。
ネットにはとてもよい機能がある反面、「<u>とても依存しやすい道具である</u>」こと、生活や健康に大きく影響することを理解し、「利用時間が長くならないようにすること」、「ネットが使えない生活も想像し、対応できるように考える習慣をつけること」が大切であると教えていただきました。

＜ネット依存について＞

インドア型依存（オンラインゲーム、動画）　　　モバイル型依存（SNS・ソーシャルゲーム・動画）

- ・外部に接触を持たず関心もない
- ・肥満・激やせ　韓国では死亡例も
- ・社会に適応できない
- → 重度になると治療に時間がかかる。
- → 専門医の治療や入院が必要になる。

- ・ながら利用をすることで使用時間が長い
- → 依存に気づきにくい（生活習慣・社会環境）
- 　周囲の状況が読めない。
- 　リアルな友だちが減る。

＜ネット依存の影響＞

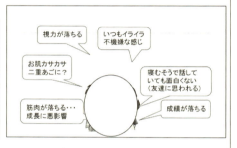

＜ワークショップを通して健康的なスマホ（ネット）の利用を考えよう！＞

　学校保健委員会当日までに、保健委員会や評議会で、"どうしてネットにはまってしまうのか" "ネット利用のデメリット（気になること、不安に思うこと、問題だなと思うこと）"についてたくさんの意見を出してもらいました。その意見や、ネット依存について遠藤先生からご講演いただいた内容を参考にして、ネット依存を予防するために何をしたらよいか考えました。

自分でできること
- ・時間を決めて使う　・寝る前や布団に入ってから使わない
- ・勉強などやることを済ませてから利用
- ・早寝早起き　　　・暗い所で画面を見ない
- ・勉強中は電源を切る　・高校生になることなど目標を持つ…など

友達やクラスのみんなとルールにしたいこと
- ・LINEをしている友だちと時間を決めて使う
- ・グループトークで抜け出せる環境を作る
- ・目的を決めて使う　　　・学校で話す
- ・悪口を書かない　　　…など

家族や大人に協力してもらいたいこと
- ・長い時間使っているときは、声をかけてもらう。怒ってもらう。
- ・勉強中やテスト期間は預かってもらう。
- ・家族で会話をする時間を設ける　…など

廊下への貼り出しから

● 第3章 学校でできるネットトラブル・ネット依存予防教育

2、その他の事例から

●東京都板橋区のA中学校

1年生を対象に道徳の時間を利用して、「ソーシャルメディアとの付き合い方」についての授業を行いました（次頁の授業案）。

1時間目は「LINEやtwitter依存について」の講座、2時間目はワークシートに記入して生徒で話し合い（各クラス・各グループ）発表しました。そしてそれを、SNSとの付き合い方についてのルールづくりにつなげました。生徒の話し合いの場では、先生がその場でタブレットで意見の集計をしながらIT機器の活用を交えて行いました。講演の内容を受け、SNSと自分たちの生活との関係性について具体的に考えることにより、携帯やスマホに依存せず、安全で楽しく使える術を身につけることを学びました。またSNSを利用するかしないかグループ毎に意見をまとめました。

●東京都H中学校

生徒だけでなく、保護者を巻き込む授業を行いました。

1日に2時間の時間枠を取って実施しました。1時間目は子どもと保護者が一緒に外部講師による情報モラル講座を聞き、2時間目は子どもが各クラスに別れてスマホの所持や講座の感想を話し合い、その発表とまとめをしました。その間に、保護者には大人用の子どものネット使用の現状に関する講座を聞いてもらいました。子どもは授業のまとめのプリントを家に持ち帰り、情報モラルやスマホについて親と話してサインやコメントをもらってくることを課題にしました。宿題ですから、親も必ず見ることになります。戻ってきたプリントには親からのコメントが記入されていました。

保護者も巻き込むことで、話すきっかけや関心をもってもらう効果を狙ったいい取り組みでした。

時間	学習活動	担任の働きかけ
導入 10分	宿題の確認 講演内容の確認 どんな感想を持ったのか？	・講演の要点の説明 ・ワークシートの宿題により生徒の感想を拾う。
展開 35分	『中学生にSNSは必要か？』 SNS：LINEとTwitter グループワークでワークシートに沿って話合いを進める。 ＜作業1＞班のメンバー全員がLINEをやっている仲間と 仮定します。さて、自分がラインをこのメンバーでやることになったとき、自分の生活にどんなメリットがおきますか？また、どんなデメリットがおきますか？ ＜作業2＞中学生にSNSは必要か考えて、班でひとつの答えを出す ＜作業3＞班の意見をまとめて発表する。	作業の説明 期間巡視でアドバイス
まとめ 5分	班でワークシートに記入 発表 班での発表を受けてクラスでまとめる。	担任の意見や感想も述べてください。

備考：使用する選択も使用しない選択も家庭で決めてもらうことを言ってください。

● 第3章 学校でできるネットトラブル・ネット依存予防教育

1年道徳ワークシート②

<作業1>班のメンバー全員でラインをやっている仲間と仮定します。
さて、自分がラインをこのメンバーでやることになったとき、
どんなメリットがありますか？
どんなデメリットがありますか？

［箇条書きで記入しましょう。］

発表原稿

私たちの班では、中学生にSNSは必要という意見になりました。
理由は、_____
_____

また、安全に楽しく使うためにこんなルールをつくりました。
<ルール>
_____
_____

<作業2>中学生にラインやツイッターなどのSNSは必要ですか？
班でひとつの答えをだしてください。
宿題②の個人意見や、作業1で考えたことを参考にしてください。

・必要
では、正しく安全につかうためには？ルールを作ってみましょう。

・不必要
最大の理由は何ですか？

→発表原稿をまとめて発表の準備をしましょう。

私たちの班では、SNSは不必要という意見になりました。
理由は、_____
_____

組　番　氏名

【宿題1】　今日の講演を聴いてどんな感想を持ちましたか？

_____
_____
_____

【宿題2】LINEやtwitterをやってみたいと思いますか？

・はい　　・いいえ

理由：_____
_____
_____

【宿題2】SNSやメールなど、インターネットを介した他者とのやりとりで注意するべきことは
　　　　何だと思いますか？3つ箇条書きであげてください。

① _____
② _____
③ _____

次の道徳の時間では、この宿題をもとにグループワークを行います。

高校での取り組み、養護教諭の役割

1、都立K高等学校の取り組み

　都立K高等学校では、ネット依存に関する講座を開きました。事前にアンケートをとり、その内容に基づいて取り組みました。
- 事前にインターネット利用に関するアンケートを生徒からとる
- ネット依存に関する講座をする
「インターネット依存とは？　なぜ依存するのか？」「予防、対処法について」
- 講座の後もアンケートを取り、生徒の意識の変化を比較する

　生徒へのアンケートでネット依存の講座の前と後とで意識を調べると、事前に「依存している」「やや依存している」と記入した生徒は、講座後には80％以上が使い方を考え直したいと答えています。理由は、「時間の無駄」「学力の低下」「受験だから」「将来のため」などでした。一方で16％の生徒は使い方をは変えたくないと答え、その理由は「塾で必要だから」「電車の中で勉強する」「コントロールできているから」などでした。いずれも自分のネット利用について改めて考えています。また、講座前に「ネットに依存していない」「利月していない」と記入していた生徒は、講座後に「依存にならないように考える」が90％を超えて、利用に際して依存しないよう慎重に使おうと考えています。これは小学校、中学校の事後のアンケートからもうかがえます。依存を知ることで、自分自身が依存しないように利用することが大事だと自ら考えるようになったことが分かります。

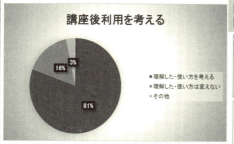
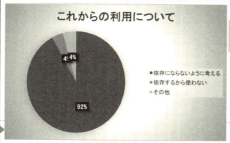

2、他の高校での取り組み

　東京都内のＫ高校や埼玉県立のＫ高校では、ネット依存について部活で取り上げました。

　新聞部や広報部など複数の部がネット依存に関する取材を行い、それを受けて情報発信をしました。このテーマを取り上げる際、「ネット依存」が社会問題になっており、自分たちの身近な問題でもあると考え、取材した内容を多くの生徒たちに知らせたいと思ったと言います。

　作られた学校新聞やラジオ放送は、コンクールに出品するなど、他の企画をうまく利用していました。次頁に学校新聞を紹介します。

インターネット依存症の実態と対策

近年、スマートフォンや携帯電話の普及により、インターネットにふれる時間が増えた。そのため、『インターネット依存症』の人が増加している。今回、依存症の予防を目的として、北高内のインターネットの普及率を調査した。アンケートの回収率は89.6％（386人中346人が回答）だった。

予防に向けて

「インターネット依存症」という言葉は、1997年にイヴァン・ゴールドバーグによって造られた精神的依存のこと。北高生の9割が利用している「インターネット」。北高生にも、依存症の予備軍が多数いることがわかった。

自分が依存していると自覚がない場合もあるため、病院に連れられ初めて依存を自覚した人もいる。また、北高生にも下のようなグラフのように、長時間インターネットを利用していると障害が出てくる。インターネットを利用している時間が長くなり、利用を中止すると不安な気持ちになってしまいいらいらしたり、思う存分ネットが使えない思う存分ネットが使えないと不安な気持ちになって、わかってきた。

あなたは携帯電話あるいはパソコンを使ってインターネットを利用していますか
- 携帯電話 19%
- パソコン 22%
- 両方で利用している 53%
- 利用していない 6%

ちょっと一言
「依存症」と「中毒」という言葉があるが、この2つは同じ病気を表す。ただし、中毒の場合、本来、毒にあたるという意味であり、食中毒などに使う言葉であるしかし今では、依存症と同じ意味で用いることも多い。

北高生アンケート
依存の兆候がみられる生徒も

北高生に1日のインターネット時間を聞いたところ、グラフのように、携帯電話の利用時間が、パソコンより利用時間が長くなっている。

インターネット依存症の症状としては、「他にやることがあっても、インターネットを優先してしまう」「インターネットをしていないと、気分が落ち込む」などが挙げられる。北高生にも、これらの症状が見られる生徒が31%。「自覚できる生徒が24%」もいる。また、「何時間もやる気が起きず、ついだらだらしてしまう」という生徒が4割。中には「食事」や「睡眠」など生活に必要な行動を後回しにしてしまう生徒もいる。

このように北高生にも、依存症の傾向がみられる生徒がおり、家族や友人とのコミュニケーションが減っていくことによる精神的不安定さなど、インターネットの利用時間が不安定につながるようだ。「貧乏揺すり」などといった行動でも、依存症の可能性がある。「何事にも不安を覚える」などを感じる場合、インターネットを中止することを考えてみよう。

あなたは一日にどのくらいインターネットを利用しますか
- 3時間以上 パソコン4% / 携帯電話9%
- 2～3時間 9% / 12%
- 1～2時間 22% / 28%
- 1時間未満 65% / 51%

予防の意識を学生から

ネット依存予防サイト エンジェルズアイズ代表 遠藤美季さん 検索

インターネット依存の現状や対策について、ネット依存予防サイト「エンジェルズアイズ」代表の遠藤美季さんにインタビューを行った。

現在、インターネット（携帯電話、パソコン）の依存相談件数は月に20～30件ほどで、サイトへのアクセスが1日100件を超える日もあり、相談件数の増加や、依存傾向の人が増えてきている感じです。そして依存症が一般に認知されてきている。

「エンジェルズアイズ」では、小中学校の生徒や保護者を対象に携帯電話やインターネットの依存防止の講演活動を行っている。

インターネット依存の症状は人それぞれだが、世の中に溢れている、「ちょっと」した心の不安から陥ることが多いです。親子間でも同様、普段から相談できる人がいれば依存することもないかもしれません。そうして、ネットへの依存が解消される事があるというのです。

先月、ネット依存に関するフォーラムが開催されました。学生主体で開催するフォーラムがあってもいいと思います。中高生自身がネット社会をよくしていこうと考えることが重要だと思います。ソーシャルメディアなどに、個人のため信頼関係を築くために活用していくことで、大人の意見だけに頼らずいいで、一度依存症になった人でも、みんなの意見で安心して続く事があります。

学生ができることとしては、まず依存症だと認めること。そしてそれらから離れることです。使い方を考えること。活用していくことで、若者にも気軽に考えられるためにもたらすため、学生としては自分自身の目的を持って使うことです。柔軟性があって今の時代で考えるとネット社会は安定するだろう。ネット社会を築いていくためには、学校にも相談制度をつくっていただけたらと思っています。

学校にも相談制度を

ネットとの付き合い

北高生の中でインターネットを始めた年齢がもっとも高いのは、パソコンで4歳、携帯電話で5歳。年々低年齢化が予想される。このような、ネット社会で重要なのは、自分なりの使い方ができているか、なぜ使うのか理解できるかである。活用していけば自分自身の可能性が広がっていく、正しい知識を持って、周りの人を大切にしながら、インターネット利用の意識が高くなることを期待したい。

インターネットの正しい知識、依存症や予防方法を知るために保護者にも、学校にも広がっていくことが大切で、ネット社会に対する、依存症の予防のため、重要になるのが、依存症の存在を知ることだ。

携帯に縛られる現代人

アンケートで「携帯電話が鳴った実感はないのに、鳴っているなどと感じたことがありますか」と問いかけたところ、携帯電話のグラフの通り、約4割の生徒が経験しているこの現象は「幻想振動症候群」や「ファントムリンギング現象」などと呼ばれ、サラリーマンなどにも多く見られるという。日頃から携帯電話に敏感に反応しているせいか、誰からも連絡を取る、日々のペースを保ち、自分の体調よりも携帯電話を常に気にして、他の人に連絡が取れないと不安になる。現代人の多くが、無意識のうちに携帯に縛られている。

携帯電話が実際には鳴って（震えて）いないのに鳴っている（震えている）と感じたことがありますか
- よくある 7%

しものこの心理、最近ではスマートフォンの発達により、メールなどのほかネットを利用する機会が広がるであろう。パソコンに関わらずインターネットの携帯電話に関わる機会が増える。現代人はいつもインターネットが身近にあり、利用する時間が増加する命。

3、養護の先生は頼れる存在

　小学校から高校までたくさんの養護の先生とお会いしてきました。また自分自身が学校生活支援員をしている時に、学校の保健室にいる時間が長く、子どもと養護の先生の関係を間近に見る機会がたくさんありました。保健室に訪れる子どもたちはいろいろなサインを出していました。ネット依存のサインを出している子ども本人や、保健室に来る子どもたち同士の会話からも、ネットに関する話題がたくさんあがっていました。

　ネット依存の問題にいち早く気付いたのも養護の先生でした。養護の先生方の研修会に呼ばれることや、養護の先生からの依頼で小中高生対象の講座にうかがうことが多くあります。子どもの心身の健康を守るとても頼りになる存在です。

　これからますます増加するネットトラブルやネット依存の問題に対する予防や対応として、今後次のようなことにも取り組んでいただけるよう期待しています。

・学校保健委員会を利用した「依存」啓発のとりくみ
・保健室にくる生徒たちの会話から生徒たちのネット利用を把握
・生徒の依存のサインを見つけやすい立場を活かした指導
・保健委員を中心にネット依存の調査・発表をする
・発達障害の傾向にある生徒のネット利用に注意
・ネットによる問題に取り組む（特に性教育とのコラボレーション）
・個別にネット依存の児童生徒の相談に乗る

終章

子どもに関わる全ての人の知恵と努力で

1、子ども、教師、保護者からの聞き取りから

　学校ではネットをめぐって様々な問題が起きています。これまで述べてきたような授業や先生方へのインタビュー、座談会を通して、児童生徒や保護者のネット依存、ネットトラブルの状況が年々深刻化し、さらに低年齢化していることが改めて浮き彫りになってきました。いくつか箇条書きにします。

- ネット依存している子どもには善悪の判断が分からない子が多い。
- ネットから性に関する誤った情報を仕入れて学校で友達に拡散している。
- SNSに依存気味の生徒の家族が担任の悪口をフェイスブック（FB）にアップしている。
- 授業参観に来ている保護者が、廊下でソーシャルゲームをしている。
- 入学説明会などで校長先生が話している間も、ソーシャルゲームやLINEをしている保護者がいる。
- 高校生でアナログ時計を読めない子が増えている。
- 教室など学校設備の電源からスマホを充電する学生がいる（電泥）。
- スマホを取り上げたらキレて暴れる生徒がいる。
- 部活や試合の合間にスマホを使う（運動部の学生も）。
- オンラインゲームがしたくて授業中無断で帰宅してしまう。
- 生徒の会話が常にネットの話題が中心となっている。
- 授業中にタイムラインやツイッター、LINEをしている。
- 学校で禁止しているにもかかわらず休み時間にゲームをしている（修学旅行にスマホを持参する子も）。
- SNSを使って友達同士のいじめをする。
- 犯罪動画を模倣して事件になる。

・流行りのアプリで危険な遊びをしている。
・夜遅くまでネットをしているので、朝学校に登校すると、すぐに保健室に行き寝てしまう。
・SNSでデマやウソを拡散したり、友達になりすまして悪意ある書き込みをする。
・LINE利用についてトラブルが増えている　など。

　小中学校ではスマホや携帯の持ち込みが禁止のところが多いのですが、災害用に持ち込みが可能になっている学校もあります。校内での使用は禁止されていても、ネットに夢中の子どもたちは場所も時も選ばずスマホを利用しトラブルを起こしています。人権問題・学力低下・いじめ・トラブル・誹謗中傷・犯罪・他学生とのケンカ、盗撮、個人情報流出、悪ふざけ、など次から次へと問題が起きています。内容も大人が想像しにくいことが多く、日々対応に追われています。

　中には、次のような事例もありました。
・学校の先生が彼と一緒にいる写真をフェイスブックに載せているのを見つけた生徒がLINEのタイムラインでみんなにシェアし、拡散希望、キモイ、など書き込んでいる。
・スマートフォンを女子更衣室に仕掛けて着替えを撮影し、友達に送信した。
・子どものLINEに親がなりすましていじめに加担したり、女子から個人情報を聞き出そうとしている　など。

　いたずらや悪ふざけというより、プライバシーや肖像権の侵害、盗撮などの悪質な犯罪行為に当たる内容もあります。
　更衣室で女子の着替えを撮影したケースや、女の子のメルアドを売買し

● 終　章　子どもに関わる全ての人の知恵と努力で

たのは中学生ですが、個人情報売買や盗撮、さらに児童ポルノという犯罪になります。犯罪に当たるという意識もないまま、悪ふざけとして面白おかしくやっていますが、子どものうちにやってはいけない行為だとしっかりと教える必要があります。

　子どもたちのコミュニケーションや恋愛についても、数年前から変化が生じていると、違和感を感じている先生もいます。
　同じ学校内の生徒同士の交際なのですが、実は本人同士は学校での接点はなく、ソーシャルゲームサイトを通じて知り合い付き合ったという男女がいました。上級生と下級生でしたが、ネット上で会話をして、告白し合い付き合うことになったそうです。ネット上の会話だけの"つき合い"が数ヵ月続いたのですが、結局別れもネットですませるという状態でした。
　付き合っていてもお互いの顔は知らず、後から顔を見る機会があって「あんな顔だったのか」などという話もあります。最近では、女子中学生がLINEでかっこいいしゃべり方をする他のクラスの男子が好きになり、LINEで告白したところ、実際は学校生活では全く違うタイプだと知ってがっかりし、別れを告げるということもありました。恋愛のような人間関係までスマホの中で完結してしまうような利用の仕方は、今の大人世代には理解しにくいのではないでしょうか。

　一方、子どもたちや保護者への取材からは、子どもと大人のズレ・そこから来る悩みや困惑が伝わってきます。
【子どもから】
・小学生男子が裸の写真をメールで同じクラスの女子に送り、送られた相手が写真を見てショックを受け、学校へ行くのが怖くなった。
・女子中学生がわいせつ画像をクラスメイトに一斉送信してきた。
・男子生徒が人気の女の子のメアドを友達に売った。

・LINE を通じて部活の連絡がくるので、していないと連絡がこなくて困った。

【保護者から】
・子どもがスマホや LINE をしていないことでいじめにあう恐れがある。
・子どもの LINE を見ていると、いじめやひどい内容が日常的に書き込まれている。
・スマホが気になり、勉強や習い事などに集中できなくなっている。
・ネットのし過ぎで勉強をしなくなり成績が下がっている。
・息子の部屋から知らない人の罵声のような大声が聞こえてきて心配だなど。

２、ネット依存から回復した事例

　一方、自らの自覚や親、教師の援助でネット依存から回復した例もあることが分かりました。キッカケは様々ですが、そこから学び取ることもあるように思います。

●社会人 26 歳女性
　友達からのいじめが原因で小学校４年生から不登校になり、たまたまネットで見つけたオンラインゲームとゲーム内のチャットにはまってしまいました。高校の時にサポート校に入学しそこの先生との出会いがきっかけで、学校生活のなかでゲームとの距離の置き方や様々な実体験、友達と関わる楽しさを知りました。大学入学をきっかけに新しい友達関係ができ、ネットとの適切な距離を作ることができました。現在仕事をしながら生活のなかで、適度にゲームやチャットをしています。家族との関係も修復しました。

●大学生のA君

大学入学後、ネット利用時に画面に表示されたオンゲインゲームの広告に誘導されてゲームを始めてはまってしまいました。大学で3年以上オンラインゲームをし、ゲーム内で人間関係ができ大学へは行きましたが、それ以外の時間はほとんどゲームをして過ごしました。大学4年のときに同級生から他の人は既に内定が決まっていることを知らされ、周囲が就職活動をしていることを知りました。それがきっかけで客観的に自分の現実を見ることができ、オンラインゲームをやめ、リアルな生活に戻ることができました。

●中学生のA君

小学校4年生でネットを夜遅くまで利用していました。ゲームとゲーム内のコミュニティやチャット、ゲーム内の自分の生活（アバターや居住空間）にはまりました。学校でもゲーム内の仮想の生活をリアルでの出来事のように話すため、友達が徐々に減っていきました。中学に入り、携帯を持つようになって携帯にもはまり、ゲームセンターへも通う日々を送りました。その後両親の離婚があり、経済的に携帯を手放すことになり、それがキッカケでネット依存から抜けることができました。高校に入りアルバイトで忙しくして生活しています。

●高校生のB君

子どものころから成績はよかったのですが、中学でオンラインゲームにはまり、高校受験期にゲームをやめさせたい親との対立で家庭内暴力や暴言で親を悩ませるようになりました。一般校に入学しますが生活の改善がありませんでした。中学のときの先生のアドバイスで、普通校から自分の興味があるモノづくりの専門校に移り、そこから徐々にアルバイトを始めるなど他のことをするようになりました。今では携帯代を自分で払うために

もアルバイトをしながら学校に通っています。

●社会人男性
　高校でオンラインゲームにはまりました。学校まで2時間近くかかるため、高校の友達とリアルで遊ぶことが難しく、家でオンラインゲームをするなどしていました。無料でプレイできるため、おこずかいがなくてもいつでも遊べる魅力から、徐々にはまっていきました。大学に行ってからもゲーム中毒から抜け出すことはできませんでした。それが、大学を途中でやめて自分の趣味を活かしたアルバイトを始めることをキッカケに、ネットと距離を置くことができるようになりました。現在、彼女と同居しながら仕事をしています。

3、学校、家庭、地域、行政が連絡を取り合って

　講座などに行くと、参加した保護者や先生方が子どものネット利用やネットの世界についてほとんど知らないことが少なくありません。その差は、ネットの利用時間やネットの利用目的、ネットを仕事や連絡以外に使っているかなどによって違うようです。特に先生方は、ネットを趣味で利用する時間もないくらい忙しいという現状もあるでしょう。

　もちろん、ネットやスマホ、アプリなどを子どもに合わせて無理して利用する必要はありません。子どものネット利用に関心を持ち、子どもたちと会話をしていくことが大切です。子どもたちが自分や周囲の人との生活を大切に考え、自分自身が自立していく力を養うサポートをしていくことが依存予防にもつながるのです。

　ネットをめぐる大きな時代の流れは止めることはできません。今後ウェラブルという身に着けるインターネット端末がますます進化してくるでしょう。時計、メガネ、コンタクトなど体と一体化していき、体内に内臓する

タイプも出てくるでしょう。ほとんど身に着けて常時利用しているものを依存と呼ぶのかどうかという議論も今後ますます盛んになると思います。海外でもネット依存の問題を取り上げようとするときに、ネットの長時間利用は依存ではなくニュウーウェイブ、新しい社会なのだという意見とぶつかり、その議論は平行線のようです。

　新しい端末が発表されるたびに、また新しいサービスやアプリが出るたびにうろたえる必要はありません。人間として守ることは守る、生活習慣で変えてはいけないことは変えない、善悪のボーダーラインをしっかり持つ、身体と精神の健全さを保つ条件を整えるなど、基本的なことをしっかりと築いておけば対応していけます。そしてインターネットの利用について見直し、バランスのとれた毎日を送れるようにしてください。（次頁のワークシート）

バランスのとれた毎日を！

インターネットの利用バランスとれていますか？（ネットに偏ると依存しやすくなります。）

自分に今必要だと思う項目を設定して、達成度をマークし線で結びましょう。
きれいな五角形になりましたか？

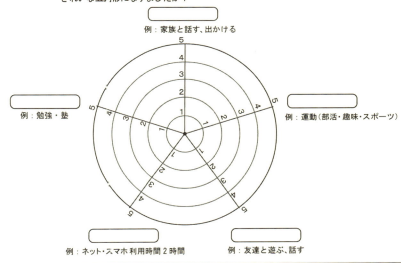

例：家族と話す、出かける
例：勉強・塾
例：運動（部活・趣味・スポーツ）
例：ネット・スマホ利用時間2時間
例：友達と遊ぶ、話す

リアルな生活とネットの活用を天秤にかけて考えてみて、ネットに傾いていないかチェック！

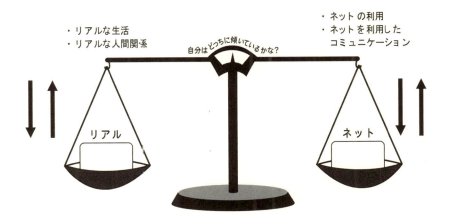

・リアルな生活
・リアルな人間関係

・ネットの利用
・ネットを利用したコミュニケーション

自分はどっちに傾いているかな？

リアル　ネット

終章　子どもに関わる全ての人の知恵と努力で

ともすれば目先の便利さや新しさに惑わされその利用の目的を見失いがちですが、インターネットに人が合わせていくのではなく、あくまでも人がインターネットを利用しているのだと意識して利用することが大事です。
　80年代にパソコン通信で人がつながっていた時代は、パソコンで知り合った人がオフ会で会って話をするということは普通のことでした。通信料は従量制で誰でも手軽に利用できるものではなく、一定の年齢や経験、収入のある良識ある大人の世界でした。それから20年以上の月日がたち、ネット社会は大きく変わりました。
　気付けば大人が作り出したこの世界を生きる子どもたちは、大人が経験したことのない世界の中で生活し、戸惑い、疲弊しています。大事な時間を奪われ、人間関係の複雑さに戸惑い、大切なものを見失いがちです。

　大人より子どものほうが自在に扱うインターネット、子どもたちのトラブルが大きな問題になっています。子どもたちが自らその利用について考えたりルールを作ることは大切です。次世代を担う子どもたちに明るいネットの未来を託したい思いはありますし、子どもたちが自ら解決策を考え出さないと問題は解決しないところまで来ています。
　ですが、私たち大人が忘れてはならないのは、この社会を作ってきたのは大人である私たちだということです。社会を作ったのは大人だけれど整備は子どもたちに任せるというのは無責任です。すでにネットを利用している子どもたちには自ら考えることを応援しつつ、これからネットを使う子どもたちには大人が安全に使う方法を教えたり、またトラブルにつながる端末は子どもがひとりで使うことを禁止するなど、様々な対策が必要です。インターネットに関する基本的な知識や活用、危険・依存などのリスクを知ること、また使いこなせるかどうかの適性を調べるなど、車の免許を取得するような仕組みも必要なのではないでしょうか？

現代は問題や不安の多い社会です。家族や社会との関係や生活の問題、心の問題、将来に明るい未来を見いだせないということ、孤独という気持ちなど、実は様々な見えない問題がネットという道具を使って表面化しているように思います。インターネットに依存する人には、現実逃避の気持ちや、何も考えなくてすむようにネットを利用し続けているという人も少なくないのです。

　今、早急に取るべきことは、大人が「子どものこと」「日本の将来のこと」を考え、がそれぞれの立場で何ができるかを考えることです。自分に何ができるか、この本もご参考にして考えていただけたら嬉しいです。

遠藤　美季（えんどう・みき）

任意団体エンジェルズアイズ主宰、情報教育アドバイザー・ネット依存アドバイザー。保護者・学校関係者に対し子どものネット依存の問題の啓発活動を展開するため2002年にエンジェルズアイズを立ち上げ、学校講演、Web上での普及啓発活動、メールによる相談活動などを行っている。著書に『脱ネット・スマホ中毒』（誠文堂新光社）『ネット依存から子どもを救え』（共著・墨岡孝／光文社）『小学生のスマホ免許』『中学生のスマホ免許』（いずれも誠文堂新光社）など。

子どものネット依存──小学生からの予防と対策

2015年5月1日　第1刷発行

著　者　ⓒ遠藤美季

発行者　竹村正治

発行所　株式会社　かもがわ出版
〒602-8119　京都市上京区堀川通出水西入
TEL075（432）2868　FAX075（432）2869
振替01010-5-12436
ホームページ　http://www.kamogawa.co.jp

印刷所　シナノ書籍印刷株式会社

ISBN978-4-7803-0759-7　C0037